Ullstein Sachbuch

ÜBER DAS BUCH:

»Buddhismus – Das erste Jahrtausend« ist das Buch eines profunden Kenners, dem es um Anschaulichkeit und Verständlichkeit geht.
Buddhas (Shakyamunis) Tod bedeutete für die Weiterentwicklung der buddhistischen Religion einen entscheidenden Einschnitt. Die Entwicklung des Buddhismus nach dem Tod des Gründers, das ist das Thema dieses Buches. Ging es zunächst um die Fixierung des Kanons, so zeigten sich bald auch Unterschiede in den Lehrmeinungen der Jünger. Die Grundlagen und Grundlegungen für die verschiedenen Auffassungen werden aufgezeigt.
Neben dieser historischen Dimension stellt der Autor viele zentrale Begriffe des Buddhismus dar, die für ein Verständnis dieser Religion unerläßlich sind. In einer Zeit, in der das buddhistische Denken auch in Mitteleuropa immer mehr Bedeutung gewinnt, verhilft dieses Buch zu einer tieferen Einsicht der zentralen Inhalte indischen und buddhistischen Verständnisses.

DER AUTOR:

Daisaku Ikeda, 1928 in Tokio geboren, wurde 1960 Präsident von Soka Gakkai, einer buddhistischen Laiengesellschaft. 1975 entstand Soka Gakkai International, deren Präsident Ikeda ist. Deren Ziele sind neben internationalem kulturellen Austausch die Durchsetzung eines weltweiten Friedens und die Erziehung des Menschen zur Humanität. 1983 erhielt Ikeda den Friedenspreis der Vereinten Nationen. Er veröffentlichte über 60 Bücher, darunter mit dem ehemaligen Präsidenten des Club of Rome Aurelio Peccei: *Noch ist es nicht zu spät* (1984).

Daisaku Ikeda

BUDDHISMUS

Das erste Jahrtausend

Ullstein Sachbuch

Ullstein Sachbuch
Ullstein Buch Nr. 34600
im Verlag Ullstein GmbH,
Frankfurt/M – Berlin
Aus dem Englischen übertragen
von Dr. Alexander Potyka und
Matthias Pongrazc

Unveränderte Ausgabe

Umschlagentwurf:
Elżbieta Wożniewska-Krüger
Unter Verwendung eines Fotos vom
Archiv für Kunst und Geschichte, Berlin
(*Matsushima-See*, Japan, um 1900)

Printed in Germany 1989
Druck und Verarbeitung:
Presse-Druck Augsburg
ISBN 3 548 34600 6

September 1989

Vom selben Autor
in der Reihe der
Ullstein Bücher:

Der Buddha lebt (34434)

CIP-Titelaufnahme
der Deutschen Bibliothek

Ikeda, Daisaku:
Buddhismus : das 1. Jahrtausend /
Daisaku Ikeda. [Aus d. Engl. übertr.
von Alexander Potyka
u. Matthias Pongrazc].
– Unveränd. Ausg. – Frankfurt/M ;
Berlin : Ullstein, 1989
(Ullstein-Buch ; Nr. 34600 : Ullstein-Sachbuch)
ISBN 3-548-34600-6

NE: GT

Inhalt

Vorwort

Im Februar 1961 stand ich an den Ufern des Ganges. Dieser mächtige Fluß entspringt als winziger Gebirgsbach im Himalaya und stürzt sich von dessen mächtigen Gipfeln hinunter durch das Vorgebirge, um die weiten Ebenen des Hindustan zu bewässern. In der Nähe der Stadt Patna, dort, wo ich stand, vereint er eine Anzahl größerer und kleinerer Nebenflüsse in sich. Nicht weit von diesem Ort erhob sich einst Pataliputra, »die Stadt der Blumen« und Hauptstadt der Maurya-Dynastie, des ersten Königreiches, das seine Herrschaft über beinahe den gesamten indischen Kontinent ausdehnen konnte.

Der heilige Ganges fließt heute noch so wie zu Zeiten Shakyamunis, der ihn überquerte, nachdem er seinen Jüngern die wichtigsten Lehren über das Dharma – die buddhistische Wahrheit – gepredigt hatte. Er war vom Dorf Patali gekommen und war zu Fuß unterwegs nach Norden, zu seiner Heimatstadt Kapilavastu. Sein Tod nahte, und er war sich dessen zweifellos bewußt. Ich frage mich, was er sich wohl gedacht haben mag, als er alleine am Ganges stand. Als ich dort verweilte und die wogenden Wassermassen betrachtete, versuchte ich mir vorzustellen, was im Innersten des Buddha damals vorgegangen sein mochte.

Wieviele Jahrhunderte ist dieser Fluß Tag für Tag in dieser

Weise geflossen? Solange die Lebenswasser über die Erde fließen wird er weiterströmen. So wie der Ganges ist auch die zeitlose und tiefe Weisheit Shakyamunis, der in Lumbini am Fuße des Himalaya zur Welt kam, über ein Jahrtausend hindurch über das Land der Inder geflossen. Von da breitete sie sich aus nach Sri Lanka im Süden, in die Gegenden von Burma, Thailand und Kambodscha* nach Südosten, durch Zentralasien entlang der Seidenstraße nach Norden bis nach China und über die Koreanische Halbinsel nach Japan. Außerdem sind buddhistische Mönche zur Zeit des Königs Ashoka, im dritten Jahrhundert vor Christi Geburt, als Gesandte in die verschiedenen griechischen Staaten des Mazedonischen Reiches gereist, so daß der Buddhismus seit frühesten Zeiten auch im Abendland bekannt war.

Shakyamuni, dieser außergewöhnliche Mensch des Altertums, starb vor langer Zeit, aber er hat der Welt ein Lehrgebäude hinterlassen, wie sie es bis dahin noch nie gekannt hatte. Diese Lehren entsprangen einer lebenslangen Leidenschaft, die gesamte Menschheit zu befreien. Sie wurden von einem Schüler an den anderen weitergegeben, von einem Jünger an Zehntausende, bis sie zu einer breiten Glaubensströmung wurden, die die Landesgrenzen überschritt.

Seit meiner Reise nach Indien, dem Geburtsland des Buddhismus, hat mich die frühe Geschichte dieses Glaubens zunehmend beschäftigt. Ich habe den Wunsch verspürt, einige meiner Gedanken über den Menschen Shak-

* Hier und im folgenden wird die alte Schreibweise gewählt – Anm. d. Verlages

yamuni, den Begründer des Glaubens, niederzuschreiben. Es war mir vergönnt, einen Teil meines Wunsches in Erfüllung gehen zu lassen, als ich das Buch *»Watakushi no Shakusonkan«* oder »Buddha, wie ich ihn sehe« schrieb. Das Buch wurde unter dem Titel *»Der Buddha lebt«** auch ins Deutsche übersetzt.

Es versteht sich von selbst, daß die buddhistische Religion nicht der alleinige Besitz Shayamunis ist. So wie die Lebenskraft des Buddha immer existiert hat und weiterhin existieren wird, so ist die buddhistische Religion ein Glaube, der auf die Befreiung aller Menschen überall abzielt. Nach dem Tod Shakyamunis trafen seine Jünger zusammen, um die Lehren, die er hinterlassen hatte, in eine Form zu bringen. In dieser Zeit entstand die große Anzahl von Schriften und Kommentaren, die den buddhistischen Kanon ausmachen. Dazu zählen die Schriften des Mahayana-Buddhismus, insbesondere das *Lotus-Sutra* (oder Lotus Sutra), das von Laiengläubigen verfaßt wurde, die sich bemühten, das bodhisattva-Ideal zu verwirklichen, indem sie für eine größere Verbreitung des Buddhismus in der Gesellschaft arbeiteten. Jeder dieser späteren Anhänger und Jünger zehrte von der Lebenskraft des ewigen Buddha, die in ihrem eigenen Wesen existierte und hinführte zur besten seiner Fähigkeiten auf dem Weg ins Reich der Erleuchtung, das Reich Buddhas.

In »Der Buddha lebt« habe ich das Leben Shakyamunis betrachtet. In diesem Buch möchte ich nunmehr der Geschichte des Buddhismus nachspüren, wobei ich seine

* »Der Buddha lebt« erschien 1985 bei der Nymphenburger Verlagshandlung.

frühe Entwicklung in Indien untersuchen will und mich bemühe, die Grundprinzipien und Ideale dieser Religion zu beschreiben. Wie bereits im vorangegangenen Band habe ich auch hier mit Dankbarkeit auf zahlreiche hervorragende Studien von Buddhologen und Indologen zurückgreifen können. Ich möchte den Verfassern an dieser Stelle für ihre bisherigen Bemühungen danken und, als Buddhist, bete ich für den weiteren Erfolg ihrer zukünftigen Forschungen.

Die Entstehung des buddhistischen Kanons

Das Erste Konzil

In meinem vorangegangenen Buch habe ich Shakyamunis Leben behandelt. Jetzt beabsichtige ich, die Entwicklung des Buddhismus in der nachfolgenden Zeit zu untersuchen. Unmittelbar nach dem Tod Shakyamunis, so berichten die Schriften, versammelten sich seine Anhänger, um seine Lehren und Predigten in eine endgültige Ordnung zu bringen. Es ist unmöglich, das genaue Datum von Shakyamunis Tod festzustellen. Vermutlich starb er im fünften oder sechsten Jahrhundert vor Christus. Weil wir es mit Ereignissen zu tun haben, die vor weit mehr als 2000 Jahren stattgefunden haben, dürfen wir nicht erwarten, alle Einzelheiten in Erfahrung bringen zu können. Wir sind auf ganz fragmentarische Informationen angewiesen, die den buddhistischen Schriften zu entnehmen sind. Mit Hilfe von Vermutungen versuchen wir, diese Bruchstücke zusammenzusetzen, um so ein Bild davon zu erhalten, wie der buddhistische Kanon entstanden ist.

Das Erste Konzil – wie diese Versammlung der Jünger genannt wird – soll im Jahr von Shakyamunis Tod stattgefunden haben, und zwar an einem Ort namens Saptaparna-guha oder »die Höhle der sieben Blätter«, an einem Berghang in der Nähe von Rajagaha, der Hauptstadt des Staates Magadha. Es nahmen daran rund fünfhundert Mönche teil. Im Mittelpunkt standen Mahakashyapa,

Ananda, Upali und andere der zehn Hauptjünger Shakyamunis, die damals noch lebten. Es heißt, daß Ajatashatru, der König von Magadha, das Konzil unterstützte. Der Versammlungsplatz ist heute noch erhalten. Auf Fotografien erkennt man einen sanften Hügel, seitlich eine Höhle, zu der eine Reihe von steinernen Stufen hinaufführt. In ihrem Inneren kann man einen großen, offenen Platz ausmachen, auf dem sich die Mitglieder des Konzils versammelten, um vor dem Regen geschützt zu sein.

Einige Buddhismusforscher im Westen bezweifeln, daß das erste Konzil überhaupt stattgefunden hat. Die Schriften allerdings, sowohl jene des Theravada- als auch jene des Mahayana-Buddhismus sprechen von den »Regeln, die auf der Versammlung der Fünfhundert formuliert wurden« oder von den »Fünfhundert, die die Vorschriften zusammengetragen haben« und weisen damit eindeutig darauf hin, daß so eine Versammlung stattgefunden haben muß. Wir können natürlich die Gültigkeit dieser Schriften leugnen. Da sie aber unsere einzige Quelle überhaupt darstellen, wären wir dann zum Schweigen verurteilt. Zumindest in Japan betrachten die meisten buddhistischen Gelehrten das erste Konzil als eine historische Tatsache.

Es ist naheliegend anzunehmen, daß sich die Schüler nach dem Tod eines so außergewöhnlichen Lehrers versammeln wollten und ihre Erinnerungen an seine Lehren ordnen wollten, um das Dharma oder Gesetz – die Wahrheiten der buddhistischen Religion – unverfälscht an die nachfolgenden Generationen weitergeben zu können.

Die Schriften berichten von einem interessanten Zwischenfall im Zusammenhang mit den besonderen Umständen,

die Mahakashyapa dazu veranlaßt hatten, die Ordensmitglieder zu diesem Konzil zusammenzurufen. Dieser Erzählung zufolge war Mahakashyapa gerade unterwegs von Pava nach Kushinagara, als er, in Begleitung einer größeren Anzahl von Mönchen, die Nachricht vom Tode Shakyamunis, der ihm nach Kushinagara vorausgegangen war, vernahm. Auf dem Weg traf Mahakashyapa mit seiner Gruppe auf einen Brahmanen, der eine *Mandara*-Blume in der Hand hielt. Mahakashyapa fragte ihn, ob er irgendwelche Nachrichten von Shakyamuni habe. Darauf antwortete der Mann, Shakyamuni sei nicht mehr auf dieser Welt. Als sie das hörten, begannen einige Mönche laut zu klagen und zu weinen, während andere in stumme Trauer versanken. Zum Erstaunen aller jedoch brach ein alter Mönch in folgende verbitterte Rede aus: »Freunde, hört auf zu klagen und zu weinen!« rief er. »Jetzt sind wir endlich von diesem großen Mönch befreit. ›Das sollt ihr tun‹ und ›Das sollt ihr lassen‹ hat er uns gesagt und hat uns damit unser Leben elend gemacht und uns unterdrückt. Jetzt aber können wir tun und lassen was wir wollen und wir brauchen nicht mehr zu tun, was unseren Wünschen nicht entspricht!«
Mahakashyapa, der im Orden als »der Fortgeschrittenste in asketischen Praktiken« galt, hörte diese Anklage natürlich mit großem Mißfallen. Unmittelbar nach der Verbrennung Shakyamunis und der Beisetzung seiner Überreste, richtete er darum die folgenden Worte an die anderen Mönche: »Freunde, wir müssen sicherstellen, daß die Lehren und Verordnungen in die richtige Fassung gebracht werden, um zu verhindern, daß falsche Doktrinen entstehen, während die richtigen verfallen, daß falsche

Verordnungen aufgestellt werden, während die richtigen beseitigt werden, daß die Verbreiter der falschen Lehren gestärkt werden, während die der Wahrheit geschwächt werden, um zu verhindern, daß die Lehrer der falschen Verordnungen die Macht ergreifen, während die Lehrer der richtigen Verordnungen sie verlieren.«

Es heißt, Mahakashyapa wählte fünfhundert Mönche aus, die er damit beauftragte, die Predigten und Lehren Shakyamunis zu ordnen und sie zum Kanon der Buddhistischen Religion zu formen.

Wenn wir den Bericht betrachten, so scheint er glaubhaft genug. Und diese Anekdote verrät ein wichtiges Motiv, das hinter der Bildung des Kanons steht. Ich spreche hier natürlich von dem bekanntermaßen unberechenbaren Wesen des menschlichen Herzens. Unter den Jüngern Shakyamunis gab es welche, die stets den größten Respekt für ihn aufgebracht hatten und in der Anwendung des Dharma oder Gesetzes sehr fleißig und genau waren. Und doch blieb ihnen manchmal eine Engstirnigkeit, ein grundlegender Egoismus in ihrem Herzen zurück. Angesichts des Todes Shakyamunis kam nun die wahre Natur ihres Herzens fast unweigerlich ans Tageslicht. Das ist meiner Ansicht nach auch die Botschaft, die wir der Geschichte von dem alten Mönch und seinem schockierenden Ausbruch entnehmen sollten.

Für seine Jünger war Shakyamuni ein Lehrer des Lebens, der ihnen das Mitgefühl und die Liebe eines Vaters entgegenbrachte, während er gleichzeitig der Führer ihrer religiösen Organisation war. Die große Mehrzahl seiner Schüler betrachtete ihn mit Respekt und Verehrung. Es muß aber auch andere gegeben haben, die die strenge

Disziplin, die ihnen auferlegt wurde, die Verordnungen, die ihr Leben von jenem der Laien so sehr unterschieden, nicht einhalten konnten. Sie waren immer noch Opfer der Versuchung und der Täuschungen der Welt. Es war für solche Menschen nur verständlich, das Gefühl zu haben, aufgrund welchen Mißverständnisses auch immer, nun mehr von einer bedrückenden geistigen Last befreit worden zu sein. Die Ausfälle des alten Mönches waren für Mahakashyapa eine Warnung, daß nun ein gewisses Gefühl der Erleichterung, ja sogar der Laxheit, den Orden zu befallen drohte.

Der Tod seines ersten Führers bedeutete für den Orden, daß eine Zeit der großen Gefahr bevorstand, zumal der Brahmanismus mit seinen verschiedenen Sekten zu dieser Zeit in der indischen Gesellschaft noch immer die Vorherrschaft inne hatte und der Buddhismus eine ganz neue Religion war, die sich auf eine relativ kleine Zahl von Anhängern stützte. Der Tod des Gründers beraubte natürlich die Organisation seiner wichtigsten Quelle der Führung und Inspiration und versetzte viele Jünger in eine Stimmung tiefster Verzweiflung. Zweifellos fühlten sie plötzliche Leere in sich, verspürten bodenlose Bestürzung und Verlust.

Shakyamunis Ableben hatte vermutlich auch Reaktionen von Personen und Gruppen außerhalb des buddhistischen Ordens ausgelöst. Jene, die der neuen Religion grundsätzlich feindselig gegenüberstanden, sahen darin vermutlich ein erstes Anzeichen der Auflösung. Denn wie hervorragend die Persönlichkeit des Führers einer neuen Religion auch sein mag, wenn er keinen geeigneten Nachfolger findet, der seine Arbeit fortsetzt, dann ist es wahrscheinlich, daß der Orden von inneren Unstimmigkeiten und ähnlichen Problemen belastet bald verfällt. Wir können daher annehmen, daß insbesondere die verschiedenen brahmanischen Sekten nun glaubten und hofften, daß dies der Fall sein würde.

Das ist keineswegs überraschend, da es den Anschein hat, als hätte man damals allgemein geglaubt, es gäbe keine wirklich herausragende Persönlichkeit im buddhistischen Orden. Die Schriften berichten von folgendem Wortwechsel, der sich entspann, als der Jünger Ananda einen alten Freund traf, der Brahmane war: »Ananda,« wollte der Brahmane wissen, »jetzt, da der Buddha verschieden ist, gibt es jemanden, der ihm an Größe ebenbürtig ist, um seine Stelle einnehmen zu können?«

Ananda antwortete ihm: »Mein Freund, wie wäre es möglich, daß jemand ihm an Größe ebenbürtig ist? Der Buddha hat aus eigenen Anstrengungen ein Verständnis der Wahrheit erlangt, und er hat sich daran gemacht, es zu verwirklichen. Alles, was wir, seine Schüler, tun können, ist den Lehren, die er uns gegeben hat, und dem Beispiel, das er uns gesetzt hat, nachzufolgen.« Mit anderen Worten: »Stütze dich auf das Gesetz, nicht auf die Person«, wie es die buddhistische Redensart treffend ausdrückt. Genau so, wie die frühere Anekdote mit Mahakashyapa auf die Notwendigkeit eines festgelegten buddhistischen Kanons für die Erhaltung und die Gemeinsamkeit des religiösen Ordens hinwies, so zeigt diese Anekdote mit Ananda die Notwendigkeit eines solchen Kanons als maßgebende Grundlage in Glaubensangelegenheiten.

Das *Nirvana-Sutra* berichtet uns, Shakyamuni habe kurz vor seinem Ableben an die um ihn versammelten Schüler

folgende Worte gerichtet: »Auch wenn ich sterbe, sollt ihr nicht glauben, daß ihr ohne Führer zurückbleibt. Die Lehren und Gebote, die ich euch dargelegt habe, sollen euer Führer sein. Wenn also einer unter euch irgendwelche Zweifel hat, dann ist jetzt die Zeit, mich darüber zu befragen. Später dürft ihr euch nicht beklagen und jammern: ›Warum haben wir ihn nicht gefragt, als er noch am Leben war?‹.« Kurz darauf sagte er: »Verfall wohnt allen zusammengesetzten Dingen inne. Arbeitet mit Fleiß an eurer eigenen Befreiung.« Diese berühmten Worte waren seine letzten, bevor er in das Nirvana eintrat.
Aus dieser Textstelle stammt auch das Zitat: »Stütze dich auf das Gesetz, nicht auf die Person.« Zweifellos hat Shakyamuni diese Worte als Warnung gegen die selbsternannten Lehrer verstanden, die nach seinem Tod hervortreten würden, um die Vermischung der Lehre mit ihren eigenen Interpretationen und Theorien zu versuchen. Es gibt Buddhismusgelehrte, die annehmen, das die Zusammenstellung eines endgültigen Kanons noch zu Shakyamunis Lebzeiten begonnen wurde; verbreiteter ist allerdings die Überzeugung, daß er lediglich seine Jünger dazu anhielt, seine Worte und Taten genau im Gedächtnis zu behalten. Dies ist wahrscheinlich auch der Grund, warum er sich in seinen späteren Lebensjahren Ananda, der wegen seines außergewöhnlichen Gedächtnises gerühmt wurde, als seinen ständigen persönlichen Begleiter zur Seite stellte. Fast alle Sutras beginnen – in ihrer chinesischen Version – mit dem Satz: »Dies habe ich gehört«. In fast allen Fällen, heißt es, steht das »Ich« für Ananda, der die Worte, die der Buddha gepredigt hatte, aus seinem Gedächtnis wiedergab.

Der Jainismus, eine Religion, die in Indien etwa zur selben Zeit oder etwas früher als der Buddhismus aufkam, zerfiel nach dem Tod seines Begründers in zwei Richtungen, weil, so heißt es, kein endgültiger Kanon da war, auf den man sich in die Doktrin betreffenden Auseinandersetzungen hätte berufen können. Einige Gelehrte neigen zu der Ansicht, daß es dieses Beispiel war, das Shakyamuni dazu geführt hatte, Shariputra, einen anderen seiner führenden Schüler, mit der Aufgabe der Kodifizierung seiner Lehren zu betrauen.

Es kann keinen Zweifel darüber geben, daß Shakyamuni, vor allem in seinen letzten Jahren, sehr intensiv über die Frage nachgedacht hat, wie er am besten »den Fortbestand des Dharma sichern« könne, wie es ein traditioneller Satz ausdrückt. Man kann von jedem fähigen und mit Voraussicht begabten religiösen Führer erwarten, daß er ernsthaft und beständig Überlegungen anstellt über das Schicksal seiner Organisation nach seinem Tod. Den Beweis, daß Shakyamuni dies getan hat, kann man in der Tatsache finden, daß seine Jünger bereits unmittelbar nach seinem Tod zu einer Konklave zusammentraten und seine Lehren ordneten. Diese Handlung und die ungeheuren Anstrengungen, die die buddhistischen Gläubigen in den folgenden tausend und mehr Jahren unternommen haben, um die Grundlagen der heiligen Schriften zu erhalten und zu erweitern, sind sicherlich eine Widerspiegelung der großen Sorge, die sich Shakyamuni Zeit seines Lebens um den »Fortbestand des Dharma« gemacht hat.

Die Worte Buddhas werden vorgetragen

Wie bereits erwähnt, weisen die Schriften mehrmals auf das Erste Konzil hin, die »Versammlung der fünfhundert Mönche und Nonnen«, wie eine es beschreibt. Diesen Quellen entnehmen wir, daß Mahakashyapa, der älteste unter den überlebenden wichtigsten Schülern, den Vorsitz über die Konferenz führte. Die Schüler Ananda und Upali wurden dazu auserwählt, die Worte des Buddha vorzutragen, so wie sie sie im Gedächtnis behalten hatten. Ananda, der in seiner Eigenschaft als persönlicher Begleiter lange Zeit nicht von Shakyamunis Seite gewichen war, war in der Lage, sich genau zu erinnern, welche Lehren der Buddha zu welchem Zeitpunkt an wen gegeben hatte. Upali, der sich unter den zehn wichtigsten Schülern in *vinaja* oder der Disziplin am meisten hervortat, verfügte über das vollständigste Wissen über die Regeln der Disziplin, die der Buddha für den Orden niedergelegt hatte. Also trug Ananda der Versammlung die Worte vor, die sich auf den Dharma bezogen und später als *Sutras* bekannt geworden sind. Upali jedoch diktierte die Regeln und Verordnungen, die in ihrer Gesamtheit als *vinaja* bekannt sind.

Wir können mit Sicherheit annehmen, daß es nicht das gute Gedächtnis und die Erinnerung allein waren, die Ananda und Upali zu diesem Auftrag befähigte. Vielmehr war es die Tatsache, daß sie eine lebende Verkörperung der Lehren des Buddha darstellten. Jeder, der aufrichtig bestrebt ist, die Wahrheit zu erfahren, und sich mit seinem ganzen Wesen bemüht jedes Wort, jeden Satz, der ihm gelehrt wurde, aufzunehmen und zu behalten, wird sich außerstande finden, sich wieder von diesen Lehren zu entfernen, selbst wenn es sein Wunsch wäre. Auch dann, wenn sein Lehrer stirbt, hört er immer noch dessen Stimme in seinem Inneren widerhallen. Der Ausdruck *shōmon* bezeichnet die, »die die Stimme gehört haben«, und meint jene Schüler, die fähig waren, den Predigten Shakyamunis zuzuhören. Als diese Menschen die eigentliche Stimme Shakyamunis nicht mehr hören konnten, so haben sie zweifellos seine Lehren in ständiger Erinnerung behalten, da sie sich im Innersten jedes Einzelnen von ihnen eingeprägt hatten. Und sie setzten das religiöse Leben im Lichte dieser Lehren fort.

Selbstverständlich gab es damals weder mechanische Mittel zur Aufzeichnung, noch gab es eine Kurzschrift. Es ist sogar zweifelhaft, ob es damals überhaupt eine Schrift für die indischen Sprachen gab*. Der einzige Weg für die Schüler Shakyamunis, seine Lehren zu behalten, bestand darin, sie zu einem integralen Bestandteil ihres eigenen Wesens zu machen.

Wir müssen festhalten, daß diese Lehren keineswegs ein

* Die ältesten Zeugnisse indischer Schrift (mit Ausnahme der alten Harappa-Inschriften) stammen aus dem dritten Jahrhundert vor Christus. In den vorangehenden Jahrhunderten wurde die Literatur mündlich weitergegeben, was auch für die frühen Buddhisten gelten dürfte. Die damaligen Menschen verfügten über ein Gedächtnis, das uns heute unfaßbar vorkommt. (Anmerkung des amerikanischen Übersetzers)

System intellektuellen Wissens oder eine Sammlung von Fakten darstellen. Vielmehr sind sie Ausdruck einer Weisheit, bezogen auf Fragen wie der Mensch leben soll oder was die Ursache menschlichen Leidens ist. Als die Jünger die Lehren des Buddha aufnahmen, gingen sie dazu über, sie in ihrem eigenen Leben anzuwenden. Auf diese Weise überprüfte einer nach dem anderen die Wahrheit und die Gültigkeit der Worte Shakyamunis.

Wir dürfen nicht vergessen, daß die Lehren des Buddhismus persönlich, durch Praxis beherrscht werden müssen. Man wird sie nie verstehen, wenn man an einem Schreibtisch sitzt und ein Buch liest. Nur durch den Austausch zwischen einer Person und einer anderen, von einer Lebenskraft zur anderen, können ihre Wahrheiten begriffen werden. Diesen Punkt sollte man im Auge behalten, wenn man es mit den buddhistischen Schriften zu tun hat, die die Lehren und die Weisheit verkörpern.

Es ist anzunehmen, daß Upali in seinem täglichen Leben die Regeln der Führung und Disziplin, die für den buddhistischen Orden niedergelegt worden waren, vorlebte. Nicht daß er die Vorschriften, die Shakyamuni formuliert hatte, innerlich eine nach der anderen wiederholt hätte. Vielmehr waren alle seine Handlungen unbewußt zum lebendigen Ausdruck der Disziplin *(vinaja)* und des ihr zugrundeliegenden Geistes geworden. Hätte er sie nicht so vollkommen beherrscht, dann wäre er wohl kaum unter allen Jüngern für die Auszeichnung »der Beste in der *vinaja*« auserkoren worden.

Ähnliches kann über Ananda ausgesagt werden. So vollkommen hatte er die Lehren des Buddha aufgenommen, daß sie praktisch aus seinem Körper hervorflossen.

Hätte er sie nicht derart beherrscht, wäre er nicht fähig gewesen, eine solche riesige Anzahl von Predigten auswendig aufzusagen, ein Kunststück, das wirklich eines der Wunder in der Geschichte des Buddhismus darstellt. Wie wir später sehen werden, besteht der Tripitaka oder buddhistische Kanon aus drei Teilen: die *sutren* oder Predigten des Buddha – den *vinajas* oder Regeln der Disziplin und den *shastras* oder Kommentaren. Von diesen belaufen sich die *sutren*, die Ananda rezitierte, auf über sechstausend.
Den Schriften zufolge soll sich das Zusammentragen des Kanons auf folgende Weise zugetragen haben. Wir erfahren, daß Mahakashyapa die zwei Jünger, die zum Rezitieren bestimmt worden waren, mit folgenden Worten ansprach: »Mönche, hört meine Worte. Ich glaube die Zeit ist für uns gekommen, den älteren Mönch Ananda über die Lehren des Glaubens zu befragen.«
Darauf antwortete Ananda: »Mönche, hört meine Worte. Ich glaube, die Zeit ist für mich gekommen, die Fragen des älteren Mönches Mahakashyapa über die Lehren des Glaubens zu beantworten.«
Mahakashyapa fragte: »Anada, mein Freund, wo hielt der Buddha seine erste Predigt?«
Ananda wiederum antwortete: »Mahakashyapa, mein Freund, so habe ich gehört. Einst weilte der Buddha im Rehpark in Benaras ...«
Als Ananda mit der Beschreibung der berühmten ersten Predigt Shakyamunis im Rehpark in Benaras (heute Sarnath nahe Benares) fortfuhr, fingen die älteren Mönche, so wird berichtet, zu weinen an und sanken vor Kummer zu Boden. Es muß eine ehrfurchtsgebietende und rührende Szene gewesen sein. So tief war ihr Kummer über den Tod

Shakyamunis, daß sie, als Ananda die Worte der ersten Predigt wiederschuf und die edle Gestalt des lebenden Shakyamunis noch einmal in ihrem Gedächtnis auflebte, vom Gefühl überwältigt wurden.
Es ist überliefert, daß nachdem Ananda seinen Vortrag beendet hatte, die Mitglieder der Versammlung prüften, ob er auch fehlerfrei sei. Sodann wiederholten sie alle gemeinsam mit einer Stimme die Rezitation. Auf diese Weise prägte sich jeder Mönch die Worte ein.
Diese Gruppenrezitation ist von besonderer Bedeutung. Denn dies war die Methode, mit der jedes Mitglied die Worte der Predigt auswendig lernte, und die ihn befähigte, sie an andere weiterzugeben. Die Gelehrten erklären uns, daß die Hymnen und anderen gereimten Teile der Sutren von den Konzilsteilnehmern ausgearbeitet wurden, um das Einprägen der Worte des Buddha zu erleichtern. Da es damals kein Papier gab und das Niederschreiben der Predigten somit nicht möglich war, bestand die Notwendigkeit, jede Rezitation einer sorgfältigen Untersuchung durch die Versammlung zu unterziehen. Erst wenn alle einer Fassung zustimmen konnten, erfolgte die gemeinsame Rezitation. Auf Grund dieser Arbeitsweise wird das erste Konzil manchmal als die »erste gemeinsame Rezitation« oder als die »erste Sammlung« der Schriften bezeichnet.
Man darf nicht außer acht lassen, daß der Buddhismus die Notwendigkeit betont, die *Sutren* mit »Körper, Mund und Geist« zu rezitieren. Mit anderen Worten ausgedrückt: das Wesentliche ist, sie nicht als intellektuelles Wissen zu sehen, wie es vielleicht westlichem Denken entspricht, sondern zu entdecken, wie man die Lehren Buddhas zu

einem Teil seiner selbst machen und sie in die Tat umsetzen kann.
Es ist naheliegend anzunehmen, daß in jeder Gruppe von Menschen, die den Lehren des Buddha zuhört, wie es die fünfhundert Mönche auf dem ersten Konzil taten, die verschiedenen Individuen die Lehren zwangsläufig unterschiedlich aufnehmen. Einige Mönche hatten vielleicht bis dahin einzelne Lehren willkürlich interpretiert, um sie mit ihren eigenen Vorstellungen in Einklang zu bringen. Andere hatten vielleicht aufgrund ihres angeborenen Temperaments den Kern der Worte Shakyamunis vollkommen mißverstanden. Die Zusammenkunft der Fünfhundert, die sorgfältige Untersuchung jedes einzelnen Punktes in den Lehren, sowie die Erstellung einer endgültigen Fassung der Worte des Buddha, der alle Versammelten zustimmen konnten, und die für die Zukunft der allgemeine Besitz des genauen religiösen Ordens werden sollte, waren für die Geschichte des Buddhismus von großer Bedeutung.
Man hoffte durch die Kodifizierung der Lehren im religiösen Orden eine Einheit von Lehre und Meinung herzustellen, zu einem Zeitpunkt, als der Tod ihn seines Gründers und Führers beraubt hatte. Den überlieferten Quellen zufolge können wir vermuten, daß es nicht notwendigerweise das Ziel war, alle Lehren, die Shakyamuni während seines Lebens gegeben hatte, zu sammeln, sondern denjenigen Lehren, die für die Erhaltung und den Fortbestand des Ordens am wichtigsten und am nützlichsten waren, den Vorrang zu geben. (Dies ist ein Punkt, auf den ich später zurückkommen werde, wenn ich die Entstehung der Mahayana-Schriften behandle.)
Ich habe bereits früher eine Anekdote aus den Schriften

erzählt, wie Ananda von einem Brahmanen-Freund gefragt wird, ob es jemanden gäbe, der es wert sei, Shakyamunis Nachfolger zu werden, und wie er darauf eine verneinende Antwort gibt. Es gibt eine weitere, ähnliche Anekdote über Ananda und einen hohen Minister des Staates Magadha. »Ananda«, fragte der Minister, »wurde jemand von dem Buddha zum Anführer der Mönche für die Zeit nach seinem Abschied bestimmt?«

»Nein, Euer Ehren, solch eine Person gibt es nicht.«

»Gibt es dann jemanden, auf den sich die älteren Mönche geeinigt haben, den sie als Autorität für die Mönche anerkennen und unterstützen, auf den man sich in der Zeit nach dem Hinscheiden des Buddha stützen kann?«

»Nein, Euer Ehren, solch eine Person gibt es nicht!«

»Ananda, worauf werden sich die Mönche dann stützen, wie werden sie Eintracht im Orden bewahren?«

Darauf antwortete Ananda voll Zuversicht und Entschlossenheit: »Euer Ehren, wir sind keineswegs ohne Stütze. Euer Ehren, wir haben etwas, worauf wir uns stützen können. Das Gesetz ist es, worauf wir uns stützen!«

Daraus wird erneut deutlich, daß der Kanon, der auf dem ersten Konzil gebildet wurde, als Grundlage einer absoluten Autorität diente. Die Mönche verwendeten für die Lehren des Buddha, die auf diese Art bewahrt wurden, den Ausdruck *agama*, was soviel heißt wie »heilige Lehren«. Sie schätzten sie als etwas, auf das man sich ohne jeden Zweifel verlassen konnte.

Diese frühesten heiligen Schriften, die im größeren Zusammenhang der buddhistischen Schriften als *agonbu* oder *agama*-Teil bezeichnet werden, widmen den Geboten und Regeln für die Disziplin eine große Aufmerksamkeit.

Einige Gelehrte gehen sogar so weit zu behaupten, die *agama* wären zusammengetragen worden, um als Regelbuch für die buddhistischen Klöster zu dienen.
Daß diese Schriften diesen Charakter haben sollen, ist teilweise durch die Umstände des Zusammentragens zu erklären – das allgemeine Gefühl, wie wir gesehen haben, daß es keine Person gab, die als Nachfolger Shakyamunis die neue religiöse Organisation hätte führen können, und das man sich deshalb auf die Lehren und Gebote stützen mußte, die von Shakyamuni weitergereicht worden waren. Zusätzlich spiegeln die Schriften das Temperament der Mönche wider, die sich auf dem Konklave versammelt hatten, besonders das des Mahakashyapa und der anderen älteren Mönche, die als Führer auf dem Konzil auftraten.
Mahakashyapa galt, wie ich es in meinem früheren Buch erwähnte, unter den zehn wichtigsten Jüngern als »der Hervorragendeste in *dhuta*- oder asketischer Praxis«. Ein Hinweis darauf, daß er, obwohl nicht fanatisch, in der Befolgung der verschiedenen Beschränkungen, die Shakyamuni vorgeschrieben hatte, sehr streng gewesen ist. Aber obwohl er die anderen Jünger in seiner Hingabe zu asketischen Praktiken übertraf, scheint er, davon abgesehen, keine sehr schillernde Persönlichkeit gewesen zu sein. Sicherlich genoß er niemals diese Art ansteckender Beliebtheit unter den Ordensmitgliedern wie Shariputra und Maudgalyayana. Ich habe das Gefühl, daß er wahrscheinlich ein unzureichendes Verständnis der tieferen philosophischen Prinzipien der Lehren Shakyamunis gehabt hat. Solange Shariputra und Maudgalyayana am Leben waren, nahm man allgemein an, sie würden die

Nachfolger Shakyamunis werden. Aber beide starben vor Shakyamuni. Mahakashyapa jedoch hatte man nie das Format zugesprochen, das ihn zum Erben Shakyamunis gemacht hätte. Sogar sein Freund Ananda mußte zugeben, wie wir oben gesehen haben, daß sich unter den überlebenden Schülern keiner befand, der sich für diese Rolle ausgezeichnet hätte.

Damit soll die entscheidende und lobenswerte Rolle, die Mahakashyapa bei der Einberufung und der Durchführung des ersten Konzils gespielt hat, nicht geleugnet werden. Doch die Tatsache, daß ein Mensch wie er zum Vorsitzenden des Konzils gewählt wurde, läßt die Kriterien für die Auswahl der Teilnehmer fragwürdig erscheinen.

So war etwa Purna, ein anderer wichtiger Jünger, nicht unter den Auserwählten. Er soll bemerkt haben, daß er bestrebt sei, die Lehren in Übereinstimmung mit dem auszuüben, was er selbst von Shakyamuni gehört habe. Wenn auch diese Aussage die Autorität des Konzils nicht direkt in Frage stellt, so läßt sie dennoch darauf schließen, daß er und vielleicht andere auch Vorbehalte hatte gegenüber der Art wie Mahakashyapa und seine Konzilsteilnehmer die Lehren kodifizierten. Es scheint auch so, als ob es eine beträchtliche Anzahl von Jüngern Shakyamunis gegeben hat, die nicht imstande waren, am ersten Konzil teilzunehmen, die aber ihre religiösen Tätigkeiten in verschiedenen abgelegenen Gebieten unabhängig weiterführten. Wir kommen später auf die Mahayana-Sutren zu sprechen, die in den folgenden Jahrhunderten ausgestaltet wurden. Es ist durchaus möglich, daß sie von diesen kleineren religiösen Gruppen zusammengestellt worden

sind, die es vorzogen, nicht vom Kanon, wie er von der Mehrheit des Ordens auf dem ersten Konzil formuliert worden war, beschränkt zu werden.
Betrachtet man die Ereignisse dieser Zeit, dann erkennt man, was für ein schwerer Schlag der frühe Tod von Shariputra und Maudgalyayana für den Orden gewesen ist. Shakyamuni selbst soll ausgerufen haben: »Seit Shariputra und Maudgalyayana gestorben sind, scheint mir diese Versammlung leer.« Dieser Verlust stürzte ihn zweifelsohne in tiefsten Kummer.
Hätten diese zwei bemerkenswerten Männer am ersten Konzil teilgenommen, dann ist es durchaus denkbar, daß der frühe buddhistische Kanon eine etwas andere Form bekommen hätte. Obwohl es vielleicht müßig ist, heute noch darüber zu spekulieren, können wir uns doch daran erinnern, daß in den letzten Lebensjahren Shakyamunis beide Männer die Erlaubnis hatten, statt seiner den Dharma zu predigen, so bewandert waren sie in der Theorie und Praxis der neuen Religion. In Wirklichkeit waren sie die zwei großen Säulen des Ordens und wenn sie überlebt hätten, um nach Shakyamunis Tod Führer zu werden, dann hätte sich der Buddhismus wahrscheinlich anders entwickelt als er es getan hat.
Wie auch immer es sich damit verhält, Tatsache ist, daß in der Frühzeit des historischen Wachstums des Buddhismus der Kanon vom ersten Konzil festgelegt wurde, der das Herzstück des Glaubens darstellte, dem man großen Ernst und tiefe Ehrfurcht entgegenbrachte. Auch wenn der Kanon unvollkommen gewesen sein mag, so hat dennoch die Entschlossenheit der Männer, die ihn geschaffen haben, um den »Fortbestand des Dharma« zu sichern, mit

der Zeit dazu geführt, daß eine große Sammlung buddhistischer Lehren entstanden ist.
Daß wir heute imstande sind, die *Sutren* zu lesen und darin die Lehren zu entdecken, die der Weisheit Buddhas entspringen, verdanken wir dem Tun und der vorausweisenden Entscheidung der frühen Schüler, die gleich nach dem Tod Shakyamunis die Versammlung zur Ordnung des Kanons abhielten. Aus diesem Grunde können wir nicht umhin, ihnen ein Gefühl tiefer Dankbarkeit entgegenzubringen. Die große Mühe, die sich Mahakashyapa, Ananda und die anderen für die Bewahrung und die Fortsetzung des Dharma gemacht haben, hat es ermöglicht, daß der Buddhismus überlebt hat und über mehr als zwanzig Jahrhunderte hinweg bis auf den heutigen Tag hin weitergereicht werden konnte.

Die Lehren großer Religonsführer

Die großen Gestalten der Geschichte haben im allgemeinen in irgendeiner Form Aufzeichnungen ihrer Worte und Taten hinterlassen. Einige unter ihnen, vor allem die Politiker, sorgen vor, indem sie ihre eigenen Memoiren und Biographien zusammentragen, um sich der Nachwelt in bestmöglichem Licht zu zeigen. Diese letztgenannten Werke strotzen nur so von Selbstrechtfertigungen. Sie werden, wie groß auch die Aufmerksamkeit ist, die sie bei ihrem Erscheinen erregen, nur selten lange Zeit gelesen. Vier der größten Männer der Geschichte, Shakyamuni,

Sokrates, Konfuzius, und Jesus von Nazareth haben keinerlei eigenhändige Schriften hinterlassen. Ihre Worte und Taten wurden von ihren Schülern aufgezeichnet. Diese Niederschriften dienten über zweitausend Jahre menschlicher Zivilisation als unerschöpfliche Quelle.
Die Biographien von Sokrates und Jesus wurden höchstwahrscheinlich von ihren Schülern infolge ihres tragischen Todes beträchtlich dramatisiert. Wie schon lange von Gelehrten nachgewiesen wurde, enthalten das Bild von Sokrates, der den Tod erwartet, das von Plato in *Crito, Phaedo* und in der *Apologie* gezeichnet wird, und der Bericht von der Kreuzigung und Wiederauferstehung Jesus im Evangelium, Elemente, die von den historischen Tatsachen abweichen.
Im Vergleich dazu trägt das Portrait Shakyamunis in den frühen buddhistischen Schriften einen auffallenden Zug von Realismus und schlichter Menschlichkeit. In den Schriften des Mahayana wird die Geschichte des Buddha jedoch großzügig ausgearbeitet und von literarischen Ausschmückungen überlagert. Westliche Gelehrte mögen diese Ausarbeitungen schwer verständlich finden und die früheren Erzählungen vorziehen. Ich selbst jedoch fühle mich, wie die meisten östlichen Buddhisten von dem Buddha der Mahayana-Schriften unwiderstehlich angezogen.
Sowohl in Asien als auch im Westen haben Buddhologen, unter Berücksichtigung des Positivismus und des kritischen Ansatzes der westlichen Wissenschaft, in den letzten Jahren große Anstrengungen zur Aufdeckung der historischen Fakten in den althergebrachten Erzählungen gemacht. Ich brauche nicht darauf hinzuweisen, daß ich

solchen Bemühungen Beifall spende, und hoffe, daß sie mit allem nur möglichen Eifer vorangetrieben werden.
Dennoch möchte ich hinsichtlich der Methoden, die von manchen dieser modernen Forscher angewandt werden, ein Wort der Mahnung und Zurückhaltung aussprechen. Sie beanspruchen für sich die Objektivität bei der Suche nach den historischen Tatsachen. Jedoch scheint es, daß sie die Maßstäbe und Gesichtspunkte des modernen Menschen anwenden, um die wahre Persönlichkeit der großen Gestalten der Geschichte freizulegen. Wenn diese Methoden tatsächlich ein klareres und wahrheitsgetreueres Bild dieser großen Menschen ergeben, das von der heutigen Welt besser verstanden und geschätzt werden kann, dann sind Ihre Bemühungen zum Guten. Allzu oft scheint aber das Gegenteil der Fall zu sein. Die Gelehrten scheinen die Aspekte der Größe bewußt zu ignorieren und all ihre Aufmerksamkeit auf die Fehlschläge zu konzentrieren, als ob sie darauf aus wären, die Person ihrer Untersuchung auf die Ebene des gewöhnlichen Menschen herunterzuzerren. Ich fühle hinter ihrem Bestreben eine gewisse Art von Arroganz gegenüber der Vergangenheit, die für den modernen Menschen charakteristisch ist.
Die traditionellen Erzählungen über Shakyamuni wie auch die über Sokrates, Konfuzius und Jesus, enthalten sicherlich ein gewisses Element der Dichtung. Doch dieses Element ist, so fern es vorhanden ist, dazu angetan, das Ideale eines Menschen zu veranschaulichen und den Menschen Mut und Weisheit zu geben, dieses Ideal zu erreichen, insoweit sie dazu in der Lage sind. Selbst wenn man alle dichterischen Elemente aus den Biographien dieser Menschen vorsichtig aussondern würde, blieben sie immer

noch die größten Gestalten, die in den letzten dreitausend Jahren der Menschheitsgeschichte aufgetreten sind.
Die buddhistischen Schriften, die Bibel, sogar die Dialoge des Plato können mit den gewöhnlichen Werken der Literatur nicht in einen Topf geworfen werden. Sie berichten ausführlich über die Weisheit, die die großen Religionsführer durch Entbehrungen und Kämpfe errungen haben, von Lebensphilosophien, deren Inspiration und Tiefe unerschöpflich ist. Hätten sich diese Werke auf die trokkene Aufzählung der geschichtlichen Lebensdaten dieser Menschen, deren Lehren sie beinhalten, beschränkt, dann ist es zweifelhaft, ob sie jemals so viel, so leidenschaftlich und so beständig durch die Jahrhunderte gelesen worden wären, wie sie es wurden.
Im Fall des Buddhismus gilt es noch einen weiteren Punkt zu beachten. Wie uns die Schriften ständig wiederholen, sind die Lehren des Buddha dazu geschaffen, alle fühlenden Wesen zu erlösen. Die frühen Jünger, die den Kanon zusammenstellten, schufen nicht einfach einen Bericht von den Worten und Taten Shakyamunis. Sie sprachen und handelten an seiner Stelle.
Wären sie selbst nicht fähig gewesen, sich in den gleichen erhabenen Geisteszustand zu versetzen wie der Buddha, dann hätten sie weder Shakyamunis Lehren verstehen, noch sie einer späteren Zeit weiterreichen können. Deshalb sagen wir, jedes Wort, jeder Satz in den *Sutren* stellt einen goldenen Ausspruch des Buddha dar. Wenn wir, die Anhänger des Buddhismus, mit den Schriften in der Hand die Gesellschaft unserer Tage herausfordern, dann müssen wir, wie auch seine Jünger vor mehr als zweitausend Jahren, denselben Geisteszustand haben, wie der Buddha

selbst. Wir müssen uns vollkommen der Aufgabe hingeben, den im Leid versinkenden Massen der Männer und Frauen das Licht zu bringen, sie den wahren Lebensweg zu lehren.

Theravada und Mahasanghika

Der Hintergrund des Zweiten Konzils

Hundert Jahre nach dem ersten Konzil fand ein zweites buddhistisches Konklave statt, das als zweites Konzil bekannt ist. Einige Quellen datieren es 110 Jahre nach dem Tod Buddhas. Auf jeden Fall scheint sich der buddhistische Orden seit etwa dieser Zeit in zwei große Richtungen gespalten zu haben. Die eine heißt Theravada oder »Lehre der Älteren«, die andere Mahasanghika oder »Mitglieder des großen Ordens«. Der Buddhismus der ersten Richtung breitete sich später in die Länder südlich und östlich Indiens aus und bildet den Ursprung jener Art des Buddhismus, der heute in Ländern wie Sri Lanka, Thailand, Burma, Kambodscha, Laos und so weiter vorherrscht.

Diese Tatsache führt uns zu der Vermutung, daß die Motive, die zur Einberufung des zweiten Konzils geführt haben, sehr verschieden sind von denen des ersten Konzils, das die trauernden Jünger Shakyamunis bildeten, um ihn zu ehren und um die Erinnerung an ihn zu verewigen.

Es wird berichtet, daß Upali, der auf dem ersten Konzil eine wichtige Rolle gespielt hatte, dreißig Jahre nach dem Buddha verschieden war, und wir können annehmen, daß die meisten übrigen Schüler des Buddha um die selbe Zeit gestorben sind. Es ist sicherlich schwer vorstellbar, daß jemand, der den Buddha persönlich gekannt hatte, hun-

dert Jahre nach seinem Tod immer noch am Leben gewesen wäre. Daraus läßt sich schließen, daß zur Zeit des zweiten Konzils der buddhistische Orden von Männern geführt wurde, die der vierten oder fünften Generation nach der ihres Gründers angehörten.
In diesen hundert Jahren hatten sich die Zeiten und das Leben der Menschen in Indien zweifellos deutlich geändert. Das Auftreten von Meinungsverschiedenheiten über die Art der Interpretation der Gebote und Lehren Shakyamunis war daher wahrscheinlich unvermeidlich.
Wir wissen, daß der Buddhismus allmählich einen bedeutenden Platz in der indischen Gesellschaft einzunehmen begann und eine große Anzahl von Anhängern unter dem einfachen Volk gewann. Ein Beweis hierfür ist die Tatsache, daß Mahasanghika größtenteils von Laiengläubigen unterstützt wurde, ein Hinweis auf die Verbreitung der neuen Religion in der einfachen Bevölkerung. Gleichzeitig erhöhte sich auch die Zahl der Buddhisten unter den Herrschern und Adeligen in den Städten, ebenso wie unter den Handwerkern und Kaufleuten. In vielen Gegenden wurden Klöster gegründet, und die Religion breitete sich von ihrem Ausgangspunkt in Ostindien, dem Gebiet um das Königreich Magadha, allmählich in alle Himmelsrichtungen aus.
Es waren Meinungsverschiedenheiten über die Gebote, die zur Einberufung des zweiten Konzils geführt hatten. Den Berichten ist zu entnehmen, eine Gruppe von Mönchen aus dem Stamme der Vajji aus der Stadt Vaishali, sei mit einer Neuinterpretation der »Zehn Gebote«, den Grundregeln der Ordensdisziplin für die Mönche, aufgetreten. Das Konzil wurde einberufen, um die Gültigkeit ihrer Interpretation zu erwägen.

Die Mönche aus Vaishali stellten eine Liste von zehn Handlungen auf, die bis dahin den Ordensmitgliedern verboten waren, und machten den Vorschlag, sie zu erlauben. Der erste Artikel zum Beispiel schlug vor, den Mönchen die Aufbewahrung von Salz zu gestatten. Bis dahin war es den Mönchen nicht erlaubt, Lebensmittel jeglicher Art zu lagern. Ein anderer Artikel hätte den Mönchen das Essen nach der Mittagsstunde erlaubt, was normalerweise verboten war. Unter bestimmten Umständen sollte die Verwendung von Bettzeug, Matten und Kleidern, die von der vorgeschriebenen Größe abweichen, sowie das Einnehmen von gewöhnlicherweise unzulässigen Getränken, gestattet werden. Der letzte Artikel, der den Mönchen das Annehmen von Gold- und Silbergeschenken erlaubte, war augenscheinlich der am heftigsten umstrittene, da die Annahme jeglicher Geldalmosen den Mönchen in der Vergangenheit aufs strengste untersagt war.

Wie man sieht, lebten die Mönche der damaligen Zeit ein Leben, das von zahlreichen Vorschriften eingeschränkt war. Man kann sich schwer vorstellen, wie der buddhistische Klerus der modernen Zeit – zumindest in Japan – so etwas tolerieren würde. Natürlich mußte ein Mensch der indischen Gesellschaft, der sich zu jener Zeit entschloß, dem gewöhnlichen Leben den Rücken zu kehren und Mönch zu werden, darauf vorbereitet sein, der strengen Ordensdisziplin zu folgen. Und doch kann man sich des Gefühls nicht erwehren, daß der strikte Asketizismus, der es den Ordensmitgliedern sogar untersagt, eine kleine Menge Salz beiseite zu legen, am Ende die Menschlichkeit der ihr unterworfenen Personen vermindern und schwächen wird. Tatsächlich behindert er den Unternehmungsgeist und die Aktivität, die notwendig sind, um die Hauptaufgabe des Ordens auszuführen, nämlich die Verbreitung der buddhistischen Lehren.

Ein Grund, wieso der Orden in diesen genau geregelten Asketizismus verfallen war, lag darin, daß die Mönche das Bewußtsein entwickelt hatten, eine besondere Klasse in der Gesellschaft zu sein. Sie sahen sich als eine Gruppe abseits vom Durchschnittsmenschen die religiöse Übungen besonderer Art verfolgt. Dieses Bewußtsein führte sie dazu, Regeln aufzustellen, die ihr Leben immer genauer, bis in alle Einzelheiten bestimmten. Wahre Disziplin jedoch sollte nicht etwas sein, daß dem Individuum von außen aufgezwungen wird. Sie sollte instinktiv von innen heraus kommen und die Grundlage für seine Beziehung zur Außenwelt darstellen. Dies scheint bei den frühen buddhistischen Mönchen nicht der Fall gewesen zu sein. Eher war es der Antrieb, sich von der Außenwelt abzuschließen, der ihre Regeln beseelte, und diese Regeln wiederum isolierten sie von der ganzen Gesellschaft.

Es ist wesentlich festzuhalten, daß die oppositionellen Strömungen in der Stadt Vaishali aufgetreten sein sollen, der Heimat des berühmten Laiengläubigen Vimalakirti, von dem später noch mehr zu berichten sein wird. Die Stadt war blühender Mittelpunkt des freien Handels und war zugleich Hauptstadt der Vajji, einem Bündnis von fünf Stammesgruppen mit einer republikanischen Regierung, die von den Vertretern der Stämme geführt wurde. Angesichts der verhältnismäßig fortschrittlichen und kosmopolitischen Atmosphäre der Stadt kann man sich leicht vorstellen, wie in der buddhistischen Gemeinde eine Bewe-

gung entstand, die aus dem Korsett der disziplinorientierten Isolation ausbrechen wollte.
Der Buddhismus war ursprünglich für alle Männer und Frauen in der Gesellschaft gedacht, und hätte niemals der Besitz einer besonderen Klasse werden dürfen. Darauf pochten die Anführer dieser neuen Bewegung und sie befürworteten eine Rückkehr zum ursprünglichen Geist des Buddhismus, wie er von Shakyamuni vorgelegt worden war.
Die zehn Gebote der Vajji-Mönche hätten es ihnen ermöglicht, Handlungen zu begehen, die bis dahin den Ordensmitgliedern untersagt gewesen waren. Es dauerte nicht lange, bis die konservativeren Ordensälteren die Nachricht von diesen Erneuerungsbestrebungen zu Ohren bekamen, was sie mit Bestürzung aufnahmen. In den Augen dieser älteren Mönche, die selbst die Regeln der Disziplin, die vom ersten Konzil niedergelegt worden waren, strikt befolgten, bedeutete das Auftreten von Mönchen, die willentlich die Regeln brachen, die allerschwerste Bedrohung für den Orden.
Es dauerte nicht lange, bis eine Anzahl von älteren Mönchen aus ganz Indien in einem Garten in der Stadt Vaishali zusammentraf, um das Problem zu erörtern. Je fünf Mönche wurden als Vertreter für West- und Ostindien bestimmt und mit der Aufgabe betraut, die »Zehn Gebote« der Mönche von Vaishali im Lichte der Lehren von der Disziplin, die vom ersten Konzil weitergegeben worden waren, zu untersuchen. Nachdem sie sie als die »Zehn Gesetzesbrüche« gebrandmarkt hatten, unterbreiteten sie ihre Verurteilung der ganzen Versammlung zur formalen Bekräftigung.

Daraufhin wählte der Leiter dieser Versammlung siebenhundert Mönche und ließ sie eine Gruppenrezitation der *Sutren* und der Regeln der Disziplin abhalten, ganz so wie es Mahakashyapa zur Zeit des ersten Konzils getan hatte. So endete das zweite Konzil oder die »Versammlung der siebenhundert Mönche«, wie es manchmal genannt wird. Die Anträge der Vajjimönche wurden von den Ordensälteren in Bausch und Bogen abgelehnt. Ich persönlich kann mich des Gefühls nicht erwehren, daß diese Forderungen in einem gewissen Maß gerechtfertigt waren. Mir scheint nämlich, daß sich die Älteren durch ihre nachdrückliche Betonung der Allmacht und der Unanfechtbarkeit der disziplinären Regeln, im Geiste weit von der Großzügigkeit und Toleranz Shakyamunis entfernt haben, der Männer und Frauen lehrte, wie man als Mensch lebt. Es hatte deshalb den Anschein, daß der buddhistische Orden einhundert Jahre nach dem Tod seines Gründers den Punkt erreicht hatte, wo er einer Reform bedurfte.
Es wird berichtet, daß Shakyamuni selbst darauf hingewiesen haben soll, daß die Ordensregeln etwas verändert und in manchen Fällen sogar aufgegeben werden könnten, vorausgesetzt, die Ordensmitglieder könnten sich darüber einigen. Shakyamunis Einstellung zu den disziplinären Regeln wird noch durch die Tatsache beleuchtet, daß er (wie ich in meinen früheren Buch gezeigt habe) die sogenannten Fünf Praktiken des Jüngers Devadatta, eine Reihe von Geboten, die den Mönchen ein streng asketisches Leben auferlegten, rundweg ablehnte. Er war ein Mann von menschlicher Größe und Tiefe, und er war weit davon entfernt, anderen ein starres System von Regeln der Disziplin aufzuerlegen. Er hatte die Gabe, sich auf die Eigenhei-

ten der Person einzustellen, der er die Wahrheiten des Dharma darlegte, in einer Art, die sie aufrichtig bedeutungsvoll machte. Er war kein Zuchtmeister, sondern ein wahrer »Mensch der Freiheit«, der die Macht und die Vitalität der Lebenskraft pries.

Zur Zeit des ersten Konzils gab es erhebliche Meinungsverschiedenheiten darüber, welche Bedeutung den Regeln der Disziplin beigemessen werden sollte. Die Teilnehmer konnten sich zu keiner Entscheidung in dieser Frage durchringen. Den Schriften entnehmen wir, daß Mahakashyapa daraufhin entschied, daß die Gebote Shakyamunis für den Orden ohne die geringste Abweichung befolgt werden sollten. Das Ergebnis war, daß die Mönche in der Befolgung der Regeln vollkommen aufgingen und zugleich die Doktrinen der neuen Religion in einer Art und Weise erweitert wurden, die keine Freiheit der Interpretation zuließ. Dies war nun der starre Zustand, in dem sich der buddhistische Orden gut hundert Jahre nach dem Tod Shakyamunis befand.

Die buddhistische Lehre verkündet ein Prinzip, das unter dem Ausdruck *zuihō-bini* bekannt ist. Nach diesem Prinzip steht es jedem frei, sich, sofern er die Grundregeln und Prinzipien des Dharma nicht verletzt, den Sitten und Bräuchen der Gegend anzupassen, in der er lebt oder lehrt. So wird zum Beispiel von Shakyamuni berichtet, er habe die Mönche angewiesen im Fasten und Essen die Bräuche der Gegend, in der sie sich befänden, zu befolgen, ohne die Regeln, die er selbst niedergelegt habe, zu berücksichtigen. Dies mag ein Grund sein, wieso die »zehn Gebote« der Vajjimönche soviele Änderungen auf dem Gebiet der Mahlzeiten beinhalten.

Zu jener Zeit bestand der Buddhismus in Indien aus einer Anzahl ziemlich unabhängiger Gruppen, die über das ganze Land verstreut waren. Zum Teil war dies das unvermeidliche Ergebnis der Verständigungsschwierigkeiten. Es wäre unmöglich gewesen, die Tätigkeit dieser weit auseinanderliegenden Gruppen durch eine zentrale Autorität zu koordinieren. Zusätzlich erfahren wir aus der *Nirvana Sutra,* Shakyamuni selber habe gesagt, daß er keineswegs die Absicht hatte, eine große religiöse Organisation zu führen. Vermutlich hat es von Anfang an keine Anstalten gegeben, den Orden als einheitlichen Körper zu bewahren. Wir können also vermuten, daß nach dem Tod Shakyamunis eine Anzahl von getrennten Organisationen an verschiedenen Orten gebildet wurden, die jeweils einen der wichtigen Schüler des Gründers zum Mittelpunkt hatten. Es überrascht nicht, daß es hundert Jahre später deutliche Unterschiede in den Lehren und Ritualen unter den verschiedenen Gruppen gegeben haben soll. Dies ist jedenfalls die Beschreibung der frühen Ordenssituation durch die meisten Buddhismusgelehrten.

Sogar viel später, im siebenten Jahrhundert nach Christus, als der berühmte buddhistische chinesische Pilger Hsüantsang Indien besuchte, fand er verschiedene Gruppen, die die Lehren des einen oder anderen wichtigen Jüngers des Buddha, wie etwa Shariputra oder Maudgalyayana, befolgten. Es erweist sich demnach als historische Tatsache, daß der indische Buddhismus durch eine Anzahl regionaler Organisationen gekennzeichnet war, die jede

ihre eigenen Besonderheiten hatte. Dies überrascht kaum, wenn man weiß, daß Shakyamuni selbst die Gewohnheit hatte, den Dharma, je nach der Fähigkeit der Person oder der Gruppe ihn zu verstehen, unterschiedlich darlegte.
Die entscheidende Frage, die den Studierenden des Buddhismus am meisten beschäftigt, ist die, ob diese Gruppen den wahren Geist der Lehren Shakyamunis beibehielten. Sind sie den Grundprinzipien seiner Lehre treu geblieben, dann kann man über die kleinen lokalen Variationen in der Befolgung der Regeln der Disziplin hinwegsehen. Der Dharma lehrt deutlich, daß man sich drei Anliegen widmen soll: der Befolgung der Gebote, der Übung von *dhyana* oder Meditation und der Entwicklung von *prajna* oder Weisheit. Die Gruppe, die zu jener Zeit als Theravada oder »Lehre der Älteren« bekannt wurde, legte die Betonung ausschließlich auf die Regeln der Disziplin. Im Gegensatz dazu glaubte die Gruppe, die als Mahasanghika oder »Mitglieder des großen Ordens« bekannt war, daß sie die wahren Lehren Shakyamunis ausführte, indem sie sich mit der Menge der gewöhnlichen Menschen vermischte, mit ihnen sprach, ihre Sorgen teilte, und sie in der Befolgung des buddhistischen Glaubens förderte.
Wir haben früher den Geist der Unabhängigkeit und Freiheit erwähnt, der die Stadt Vaishali kennzeichnete, der durch den Laiengläubigen Vimalakirti repräsentiert wird. In der *Sutra,* die seinen Namen trägt, ist er beschrieben, wie er sogar die zehn wichtigsten Schüler Shakyamunis kritisierte, wenn er das Gefühl hatte, sie seien in ihren Ideen und Praktiken zu stur und zu unbeweglich. Man kann sich lebhaft vorstellen, daß sich deshalb die Mönche von Vaishali von denen anderer Gegenden unterschieden, etwa

in der Art wie sie Mahlzeiten einnahmen, in der Einstellung zu Geldgeschenken und zu anderen Punkten der Disziplin.

Auf jeden Fall hat das zweite Konzil die Anträge der Mönche von Vaishali rundweg abgelehnt. Daraufhin versammelten diese nach der Beendigung des Konzils eine Gruppe von zehntausend Mönchen und hielten ein eigenes Konzil ab, das als »große Gruppenrezitation« in die Geschichte eingegangen ist. Mit der Zeit wurden sie Mahasanghika oder »Mitglieder des großen Ordens« genannt, um sie von der Gruppe oder »Lehre der Älteren« zu unterscheiden. Der buddhistische Orden teilte sich in zwei Lager. Den Berichten entnehmen wir, daß es im ersten Jahrhundert keine Spaltung gegeben hat, daß die Lehre Shakyamunis jedoch im zweiten Jahrhundert von siebzehn verschiedenen Schulen interpretiert wurde. Dieser Teilungsvorgang begann nach dem zweiten Konzil.

Die Tatsache, daß sich im zweiten Jahrhundert des Buddhismus soviele verschiedene Sekten bilden konnten, muß ein schwerer Schlag für die Theravada-Älteren gewesen sein, die sich als die Führer des gesamten Ordens betrachteten. Weiter erfahren wir, daß in den folgenden hundert Jahren der Teilungsprozeß andauerte, bis es achtzehn Sekten gab, wovon zwölf zur Linie der Theravada und sechs zu Mahasanghika gehörten. Die chinesischen Übersetzungen der Schriften sprechen sogar von einer höheren Anzahl: zwanzig Sekten, davon elf der Theravada zugeordnet und neun der Mahasanghika. Welche Zahl auch stimmen mag, es gibt keinen Zweifel darüber, daß für den Buddhismus eine Zeit der erklärten Spaltung begonnen hatte.

Ich kann mich des Gedankens nicht erwehren, daß die Verantwortung dafür zum großen Teil bei der Partei der Älteren liegt. In einer späteren Zeit nannten die Anhänger des Mahayana-Buddhismus die Gruppe der Theravada verächtlich Hinayana oder »Kleines Fahrzeug«. Obwohl es nur meine persönliche Vermutung ist, frage ich mich dennoch, ob die Theravada Vertreter nicht vielleicht doch diesen Beinamen verdienten, weil sie den kraftvoll-aktiven Geist, der dem Buddhismus zu Lebzeiten Shakyamunis eigen war, vergessen hatten, sich selbst vom gewöhnlichen Volk isolierten und in einen kleinlichen Autoritätskult versanken. Hätten sie nicht bis zu einem gewissen Ausmaß die wahren Lehren Shakyamunis aus den Augen verloren, dann wäre die Religion meiner Meinung nach nicht in dem Ausmaß von Spaltungen geplagt gewesen, wie es der Fall war.

Von einem anderen Gesichtspunkt aus betrachtet ist es jedoch möglich, daß die Religion diesen Prozeß durchmachen mußte als der Dharma, der ursprünglich der Besitz eines einzelnen Menschen war, nämlich Shakyamunis, zum Besitz von Millionen wurde. Wir können diese Periode als eine Zeit des unruhigen und schmerzhaften Wachstums bezeichnen, in der alle nur erdenklichen Interpretationen vorgebracht wurden. Mit der Zeit sollte eine strahlendere Periode folgen, in der gleich einem mächtigen Fluß die Lehren mit neuer Macht und Zuversicht hervorströmen würden.

Gehen wir die Berichte über das zweite Konzil durch, dann sehen wir, daß die Vajjimönche mit ihrem Vorschlag der Neuinterpretation der Zehn Gebote keineswegs – zumindest nicht am Beginn – vorgehabt hatten, eine Spaltung herbeizuführen. Das Unglück begann, als ein Mönch der später sogenannten Partei der »Älteren« zufällig durch Vaishali reiste, und sah, wie die Vajjimönche Geldgeschenke von Laien annahmen. Erschrocken und tief verletzt, entschloß er sich, die Sache zu einer Streitfrage zu machen.

Die Annahme von Geldgeschenken von Laiengläubigen ist keinesfalls ein Hinweis auf moralische Verderbtheit der Vajjimönche. Nach dem zweiten Konzil haben, wie bereits erwähnt, zehntausend von ihnen ein eigenes Treffen veranstaltet, sicherlich ein Hinweis darauf, daß sie eine große blühende Gemeinschaft waren, die unter dem Volk weitreichende Unterstützung genoß. Diese Tatsache mag bei der Partei der Älteren ein Gefühl der Eifersucht hervorgerufen haben.

Vaishali war ein blühendes Handelszentrum, ein Knotenpunkt der Handelsstraße von Savatthi im Norden nach Rajagaha im Süden. Es ist anzunehmen, daß die dort lebenden Mönche keine andere Wahl hatten, als Almosen in der Form von Geld anzunehmen. Im Gegensatz zur Zeit Shakyamunis war dies eine Zeit der sich rasch entwickelnden Geldwirtschaft in Indien. Es war daher für die Bürger von Vaishali nur natürlich, den Mönchen Almosen in der Form von Geld statt in der Form von Nahrungsmitteln anzubieten. Von diesem Gesichtspunkt aus gesehen, kann die Neuauslegung der Zehn Gebote als Versuch angesehen werden, die Ordensregeln den veränderten gesellschaftlichen Verhältnissen jener Zeit anzupassen.

Die Art und Weise, mit der die Partei der Älteren in dieser Sache verfuhr, war, wie wir gesehen haben, autoritär und hart bis zur letzten Konsequenz. Wohlüberlegt riefen sie eine größtmögliche Anzahl von älteren Mönchen zusammen und brachten sie dazu, die Unrechtmäßigkeit der vorgeschlagenen Änderungen zu bezeugen und brandmarkten sie als »gesetzeswidrig«. Nicht zufrieden damit, gingen sie noch einen Schritt weiter und erklärten die Vajji-Mönche, die sie vorgetragen hatten, wären »keine wahren Mönche oder Anhänger Shakyamunis.«

In der Sicht der Älteren schienen die Vajji-Mönche Unruhestifter zu sein, die darauf aus waren, den Frieden des Ordens zu stören. Vielleicht waren sie versucht, sie mit Devadatta zu vergleichen, jenem Schüler, der zur Zeit Shakyamunis eine vorübergehende Spaltung des Ordens hervorgerufen hatte.

Doch eigentlich sind diese zwei Fälle grundverschieden. Devadatta wollte offensichtlich Shakyamuni als Ordensführer ersetzen. Die »Fünf Praktiken«, die er vorschlug, hätten den Mönchen einen strengeren Asketizismus vorgeschrieben. Sein Ziel, das er mit diesem Vorschlag verfolgte, war, die jüngeren Mönche mit seiner Frömmigkeit zu beeindrucken, um ihre Unterstützung für die Bildung einer eigenen Organisation zu gewinnen, an deren Spitze er sich zu einem neuen Buddha erklärt hätte. Er versuchte bewußt, eine Spaltung herbeizuführen, und war tatsächlich ein Friedensstörer.

Die Vajji-Mönche hingegen hatten nicht die Absicht, eine Spaltung des Ordens herbeizuführen. Vielmehr versuchten sie, die Regeln den örtlichen Gepflogenheiten und den veränderten Bedingungen der Gesellschaft anzupassen, wie es Shakyamuni angeraten hatte, und pflegten ihre eigenen besonderen religiösen Übungen in dem Geiste des Buddhismus, der ursprünglich von Shakyamuni gelehrt

worden war. Die Älteren entschieden sich, eine Streitfrage daraus zu machen, und übersteigerten die Sache in einem Maß, was den Orden in die Spaltung stürzte.
Die dogmatische Einstellung der Älteren findet sich in den späteren Schriften der Theravada-Sekte. Dort wird die Große Gruppenrezitation der Mahasanghika-Mönche mit folgenden Worten beschrieben: »Die Mönche der Großen Gruppenrezitation einigten sich auf Lehren, die vom wahren Dharma abweichen. Sie zerstörten die ursprünglichen Aufzeichnungen und schufen eigene. Sie nahmen *Sutren,* die sich im Kanon an einem Platz befanden und verlegten sie an eine andere Stelle... sie ließen einen Teil der tiefgründigsten *Sutren* und Gebote beiseite und erfanden *Sutren* und Gebote, die ihnen ähnlich waren, oder in einigen Fällen vollkommen davon abwichen... Sie mißachteten die Regeln für Hauptwort, Geschlecht, Satzbau und stilistische Ausschmückung und ersetzten sie durch andere.«
Trotz dieser schwerwiegenden Anklagen läßt eine Untersuchung der vorhandenen Schriften, wie der Buddhistische Gelehrte Fumio Masutani nachgewiesen hat, darauf schließen, daß es keine wesentlichen Unterschiede in den Schriften und Lehren der zwei Gruppen gab. Das heißt, die Schriften beider Sekten, Theravada und Mahasanghika, folgen der gleichen vierfachen Einteilung, die in den älteren *Agama*-Sutren gefunden werden kann. Sicherlich gab es keinen so großen Unterschied, wie er später den Hinayana- und den Mahayana-Buddhismus charakterisiert.
Ein wesentlicher Punkt muß hier bezüglich der ersten großen Spaltung im frühen Buddhismus angemerkt werden. Die Berichte über den Bruch, besonders der oben

erwähnte, erwecken den Eindruck, wir hätten es hier mit einer Situation zu tun, wie sie in der westlichen Religionswissenschaft so oft als Konfrontation zwischen »Dogmatismus und Revisionismus«, oder zwischen »Rechtgläubigkeit und Andersgläubigkeit« beschrieben wird. Diese Ausdrücke sind meiner Meinung nach nicht unbedingt treffend. Im westlichen Christentum mit seinen Ketzerprozessen und Hexenjagden war es nach einem Schisma nicht selten der Fall, daß die beiden Seiten mit Gewalt und blutvergießend übereinander herfielen und jedes zur Verfügung stehende Mittel anwandten, um die Gegenseite auszurotten. Im Fall des Buddhismus jedoch, obwohl sich die Theravada- und die Mahasanghika-Gruppen nach dem zweiten Konzil trennten, machte keine der zwei Seiten einen Versuch, die andere Seite zu belästigen, von der Anwendung von Gewalt ganz zu schweigen. Dies ist ein Zeugnis für den bedeutenden Geist der Achtung und Toleranz für das menschliche Leben, der den Buddhismus charakterisiert.

Oberflächlich gesehen scheinen die Theravada-Mönche die Verfechter der Rechtgläubigkeit und die Mahasanghika die Ketzer zu sein. Wenn wir schon solche Ausdrücke verwenden, dann müssen wir allerdings untersuchen, welche Gruppe dem urpsrünglichen Geist des Buddhismus tatsächlich treuer geblieben war. Nicht jene, die sich von der Gesellschaft abseits hielten, sondern jene, die sich mitten unter die Masse der Männer und Frauen begaben, Entbehrungen auf sich nahmen, im Bemühen soviele als möglich zu befreien, sind mit Sicherheit jene, die es verdienen, die wahren Beschützer der Rechtgläubigkeit genannt zu werden.

Wiederum im herkömmlichen Sinn wären die Theravada-Mönche die Dogmatiker und die Mahasanghika-Mönche wären die Reformer. Erneut müssen wir aber fragen, welche Gruppe eher im Geist Shakyamunis handelte. War er eigentlich ein engherziger Dogmatiker? Oder war er der Reformer, der gewillt ist, jedes Prinzip um eines Kompromisses willen aufzugeben? War er nicht in der Tat ein Vertreter des mittleren Weges, der diese Art von Dualismus, wie er durch Ausdrücke wie starrer Dogmatiker und Reformer ausgedrückt wird, überschritt? Dieser Mittlere Weg war das Wesen der Wahrheit, die er lehrte. Aus dieser Sicht wird klar, daß Haarspaltereien über Einzelheiten der Regeln der Disziplin oder Streitereien darüber, wer der wahre Träger der Rechtgläubigkeit ist, ein Verhalten darstellen, das vom ursprünglichen Wesen des Buddhismus weit entfernt ist.

Die Bewegung zur Wiederherstellung des ursprünglichen Inhalts des Buddhismus

Wie wir gesehen haben, kam der Bruch zwischen Theravada und Mahasanghika-Gruppen nicht nur wegen der Differenzen über die disziplinären Regeln zustande, sondern auch wegen der zunehmenden Isolierung der Theravada, die alle Aufmerksamkeit dem klösterlichen Leben widmeten. Wie Teruhiro Watanabe und andere Gelehrte nachgewiesen haben, betonten die religiösen Gruppen, die mit der Linie der Theravada verbunden waren, den Rückzug vom weltlichen Leben in das Kloster, und vertraten eine traditionsgebundene und elitäre Anschauung. Die Mönche der Mahasanghika-Linie auf der anderen Seite, legten Wert auf die Arbeit unter den Massen, selbst wenn es bedeutete, die eigene Möglichkeit zur Erleuchtung preiszugeben. Die letztgenannte Auffassung führte mit der Zeit zur großen Bewegung, die als Mahayana Buddhismus bekannt ist. Vorzeichen des Kommenden waren bereits in der Richtung gegenwärtig, in die sich die Mönche der Mahasanghika bewegten. Es war dieser grundlegende Unterschied in den Anschauungen, der die zwei Gruppen auseinanderbrachte, und weniger die eher oberflächliche Auseinandersetzung um die Auslegung der Zehn Gebote. Die Mahayana-Schriften verurteilen entschieden die sogenannten *shōmon* oder *shravakas,* Menschen, die sich bemühen, das Stadium des Arhat zu erreichen, und die *engaku-* oder *pratyeka-Buddhas,* Menschen, die nur um ihre eigene Erleuchtung bemüht sind. Dieses Urteil bezieht sich wahrscheinlich auf die Isolierung und den Rückzug von der Welt, die für die Theravadins kennzeichnend waren. In diesen mönchischen Gruppen war es die Zeit, die man als Mönch verbracht hatte oder die Anzahl der *Sutren* und Gebote, die man auswendig aufsagen konnte, die bestimmten, ob man den Titel eines Arhats oder eines Heiligen verdiente oder nicht.

Im Gegensatz zu dieser Art des Mönchtums unterstreichen die Mahayana-Schriften den Begriff des *bosatsu* oder Bodhisattva. Das ist der Gläubige, der nicht bloß für den Eigennutz, das heißt für die eigene Erleuchtung, arbeitet, sondern zum Nutzen anderer, der tätig bemüht ist, die Lehren des Glaubens unter der Bevölkerung zu verbreiten.

Dies beweist, daß die Mönche der Theravada-Linie in der damaligen Zeit in hohem Maße konservativ geworden waren.
So sehr man auch bestrebt sein mag, die Lehren Shakyamunis im wörtlichen Sinn zu *bewahren,* indem man sich von der Gesellschaft abschließt, so stellt dies doch keinerlei Hilfe bei der Verbreitung und Förderung des Dharma dar. Eine Religion, die sich in dieser Weise isoliert, wird sich bald in einer Sackgasse wiederfinden. In Wirklichkeit kann der Dharma nicht unter Menschen existieren, die versuchen, sich dem Leid, den Schmerzen und dem Tod ihrer Mitmenschen zu entziehen oder dies beharrlich ignorieren. Es ist daher nur natürlich, daß die Mahasanghika-Mönche, die große öffentliche Unterstützung erhielten, mit ihren neuen Vorschlägen die Sperren zu durchbrechen, erscheinen mußten.
Ich möchte in Erinnerung rufen, daß Shakyamuni selbst nicht seine ganze Zeit dazu verwendet hat, den Mönchen zu predigen. Obwohl er jedes Jahr in der Regenzeit gezwungen war, sich in die Abgeschiedenheit zu begeben, verbrachte er doch den größten Teil seiner Zeit damit, seine Lehren unter das Volk zu bringen, um allen Menschen die Möglichkeit der Erleuchtung zu eröffnen. Hätten die Predigten Shakyamunis nur den Mitgliedern des mönchischen Ordens alleine gegolten, dann wäre der Buddhismus niemals zu einer großen Weltreligion geworden. Bereits zu Lebzeiten Shakyamunis war es der Brauch, daß die Mönche nach einer gewissen Ausbildungszeit unter ihm in die verschiedenen Gegenden zogen, um dort zu predigen. So zum Beispiel erhielt Purna, einer der wichtigsten Schüler Buddhas, der von der Westküste Indiens

stammte, von Shakyamuni die Erlaubnis, in seine Heimat zurückzukehren, und widmete sein weiteres Leben der Verbreitung des Glaubens. Aus diesem Grund konnte er beim Tod des Buddha und beim ersten Konzil nicht anwesend sein. Eine Quelle geht sogar so weit zu behaupten, daß er bei seiner späteren Rückkehr in die Stadt Rajagaha, als er von Ordensmitgliedern gedrängt wurde, der vom ersten Konzil beschlossenen Fassung des Kanons seine Zustimmung zu geben, sich geweigert hat dies zu tun. In diesem Zusammenhang gibt es eine sehr interessante Legende, die der chinesische Mönch Hsüan-tsang wiedergibt, wie er sie auf der Reise durch Indien, Mitte des siebenten Jahrhunderts gehört hat. Demnach soll es zur Zeit des ersten Konzils zwei Versammlungen gegeben haben. Die erste bestand aus fünfhundert älteren Mönchen mit Mahakashyapa an der Spitze. Sie traf sich in der Höhle von Saptaparna und stellte eine Version des Kanon zusammen. Daneben gab es eine zweite Gruppe von Mönchen, die sich außerhalb der Höhle versammelte und eine eigene Auslegung des Kanon entwickelte. Die älteren Mönche waren, wie wir gesehen haben, vor allem mit den Regeln der Disziplin beschäftigt, während der Kanon, den die außerhalb Versammelten zusammenstellten, die Unzufriedenheit mit diesem beschränkten Blickwinkel zum Ausdruck brachte, und als Grundlage dafür diente, was später die geistige Schule der Mahasanghika werden sollte.
Dies läßt vermuten, daß der erste Kanon für die Ordensmitglieder, die vorhatten unter dem Volk zu leben und zu arbeiten, schwer annehmbar war, da er hauptsächlich auf die Bedürfnisse der Klostergemeinschaft einging. Deshalb müssen wir schließen, daß die Bedingungen, die später zur

Entstehung der Mahayana-Schriften geführt haben, in einem gewissen Ausmaß schon zur Zeit des ersten Konzils bestanden haben.
Verschiedene Maßstäbe und Verhaltensregeln waren ganz offensichtlich für die verschiedenen Gruppen in der buddhistischen Gemeinde notwendig. Es war die Pflicht der Mönche, die Glaubenslehren zu bewahren und fehlerfrei weiterzugeben. Als Gegenleistung für die Erfüllung dieser Pflicht wurden sie von den Laien mit Almosen unterstützt. Es ist deshalb nur natürlich, wenn die Laien sich erwarteten, daß die Mönche die Regeln der Disziplin genau einhielten und alle ihre Energien der religiösen Praxis widmeten.
Für die Laien jedoch bestand keine Notwendigkeit, sich solch schwierigen Verhaltensnormen zu unterwerfen. Natürlich gab es gewisse Pflichten, die sie als buddhistische Gläubige und Mitglieder der Gesellschaft zu erfüllen hatten, doch waren diese in keiner Weise so streng wie die ausgefeilten Vorschriften für die Mönche. Auch dies war einer der Faktoren, der zu den Anschauungsunterschieden zwischen der Theravadaschule, die auf der Mönchsgemeinschaft beruhte, und der Mahasanghika führte, die in engem Kontakt mit der Laiengemeinschaft stand.
Nicht allein in den Regeln der Disziplin, sondern auch in der Auffassung der Lehren Buddhas unterschied sich die Laiengemeinschaft etwas von den Mönchen. Die sogenannten *shōmon* waren jene Schüler, die die Gelegenheit gehabt hatten, die Predigten Buddhas persönlich zu hören, und sich bemühten ihren eigenen Verstand und Charakter ständig zu verbessern. Nach dem Tod des Buddha lernten sie wahrscheinlich weiterhin von den älteren Mönchen, die

den Dharma direkt vom Buddha erhalten hatten. Für diese Menschen war die Anzahl der *Sutren* und Gebote, die sie auswendig wußten, ein Hinweis auf den Fortschritt in ihrer religiösen Schulung.

Für den gewöhnlichen Laiengläubigen war ein bloßes Wort oder ein Satz von Buddha eine Möglichkeit zur Befreiung. Bereits zu Lebzeiten Shakyamunis muß es viele Laien gegeben haben, die nie die Gelegenheit gehabt hatten, von Buddha selbst unterrichtet zu werden, aber dennoch seine Lehren, so wie sie sie von anderen erhalten hatten, zur einzigen Stütze ihres Lebens machten. Die Frage war nicht, mit wievielen *Sutren* sie vertraut waren, sondern wie gut sie den Geist des Dharma in ihrem täglichen Leben bewahrten und vervollkommneten.

Im vollen Bewußtsein der schwerwiegenden Verantwortung, die der Mönchsorden für die Erhaltung und Verbreitung seiner Lehren nach seinem Tod tragen würde, hielt Shakyamuni die disziplinären Regeln bewußt streng. Doch dürften die Mönche in den Jahren nach seinem Tod die Tatsache aus den Augen verloren haben, daß diese Regeln lediglich ein Mittel zur Erhaltung der Gesundheit des Ordens waren und kein Selbstzweck. Anstatt unter die Massen zu gehen und die Botschaft des Buddhismus zu verbreiten, zogen sie sich von der Gesellschaft zurück und konzentrierten sich ganz auf ihre eigene Erleuchtung und ihre eigene religiöse Praxis. Es war diese unglückliche Situation, die dem Auftreten der Bewegung der Mahasanghika Auftrieb verschaffte.

Diese Bewegung kann als Versuch zur Rückkehr zur ursprünglichen Bedeutung des Buddhismus gesehen werden, so wie er von Shakyamuni dargelegt worden war. Wie

ich bereits früher hervorgehoben habe, sollte der Bruch der Theravadin mit den Mahasanghika nicht als Konflikt der Rechtgläubigkeit mit der Häresie angesehen werden. Im Buddhismus haben alle Reformbewegungen als Ausgangspunkt das Bestreben, zur Grundlage des Glaubens zurückzukehren. Diese Bewegungen beginnen als kleine Minderheit in der Gesamtreligion. Wenn sie in ihrem Bemühen, die Grundprinzipien der Lehre wiederherzustellen, erfolgreich sind, dann gewinnen sie mit der Zeit an Kraft und werden zur Mehrheit. Das Schicksal des Buddhismus hängt immer wieder von dieser Fähigkeit zur Wiedergewinnung der Grundsätze und ihrer richtigen Verwirklichung ab.
Warum widmete Shakyamuni fünfzig Jahre seines Lebens dem Predigen des Dharma? Er wollte alle Männer und Frauen vom Leid der Geburt, des Alters, der Krankheit und des Todes befreien. Ein Mönch muß, diese fundamentale Tatsache nie aus den Augen lassend, entschlossen sein, sein eigenes Sein für das Wohlergehen der Menschheit zu opfern. Das ist der Geist, der, wie wir sehen werden, später im Mahayana-Buddhismus seinen Ausdruck fand.

König Ashoka

Der König der Monarchen

Im dritten Jahrhundert vor Christus trat in Indien ein König namens Ashoka auf, der für die Verbreitung des Buddhismus eine entscheidende Rolle spielte. Das Reich der Maurya, das Ashoka regierte, zählte – bis auf die südliche Landspitze – ganz Indien zu ihrem Gebiet. Es dehnte seinen Einfluß nach Sri Lanka im Süden und in die Gebiete der griechischen Staaten im Westen aus, alles Gebiete, in denen der Buddhismus eingeführt wurde. Es wird berichtet, daß buddhistische Mönche unter der Herrschaft Ashokas von Indien in die griechischen Staaten reisten und dort die Lehren ihrer Religion verbreiteten, wobei sie dreiundsiebzigtausend Menschen bekehrten und eintausend Mönche einsetzten.

Der Name Ashoka ist an folgende Erzählung geknüpft, die in einem buddhistischen Werk festgehalten ist. Shakyamuni soll einmal, als er bettelnd durch die Außenbezirke von Rajagaha ging, auf zwei kleine Jungen gestoßen sein, die im Sand spielten. Die Knaben bemerkten die sogenannten »Zweiunddreißig unterscheidenden Merkmale eines großen Mannes«, die der Buddha besessen haben soll, und entschieden sich, ihm ein Opfer darzubringen. Sie formten Kuchen aus Sand und legten sie Shakyamuni in die Bettlerschale. Einer von ihnen faltete zum Zeichen der Verehrung seine Hände. Shakyamuni nahm die Gabe der

Sandkuchen mit einem Lächeln entgegen. Der Jünger Ananda, der ihn begleitete, fragte ihn, wieso er lächle. Er antwortete: »Ich habe Grund zu lächeln, Ananda, und du sollst wissen warum. Einhundert Jahre nach meinem Tod wird dieser Junge in Pataliputra ein Chakravarti-König werden, der über alle Gebiete herrschen wird. Sein Name wird Ashoka sein, und er wird durch das wahre Dharma regieren. Außerdem wird er meine Überreste überall hin verteilen, er wird vierundachzigtausend Stupas zu Ehren des Königs des Dharmas errichten, und er wird zahllosen Menschen Wohlergehen bringen.«
Die Lehre aus dieser Geschichte ist, daß nicht das Almosen selbst, sondern die Einstellung mit der es gegeben wird, entscheidet. Die Kinder boten ihre Sandkuchen mit reinem Herzen, voller Unschuld, und der Buddha nahm sie mit Dankbarkeit. Unglücklicherweise schenken Erwachsene zu oft berechnend. Dadurch machen sie das Verdienst zunichte, das sie gewinnen könnten, wenn ihr Geschenk ein Ausdruck wahrer Großzügigkeit und Ehrfurcht gewesen wäre.
Westliche Gelehrte haben, in ihrem üblichen Skeptizismus, Ashoka als eine Legende der buddhistischen Schriften abgetan. Als aber 1837 die frühesten indischen Inschriften endlich entziffert wurden, und immer mehr und mehr Edikte, die Ashoka in Felsen und Säulen hatte eingravieren lassen, ausgegraben wurden, wurde es offensichtlich, daß er nicht bloß eine geschichtliche Gestalt, sondern, wie H. G. Wells ihn nannte, »einer der größten Herrscher, den die Welt je gesehen hat« gewesen ist. Der Grund für das viele Lob, das ihm gespendet wurde, liegt darin, daß er der erste Herrscher war, der den Krieg

aufgab und eine Politik des absoluten Pazifismus einschlug, die auf den Prinzipien des Buddhismus beruhte. Außerdem unternahm er energische Schritte zur Sicherung der Gesundheit und des Wohlergehens seiner Untertanen. Graf Coudenhove-Kalergie, ein Verfechter des Gedankens der europäischen Einheit, erklärte einmal in einer Unterhaltung mit mir, er betrachte Ashoka als jemanden, »der unter allen Herrschern der Weltgeschichte hohen Respekt verdient«. Der englische Biologe J. B. S. Haldane bemerkte ebenfalls, daß er wünschte zur Zeit Ashokas auf die Welt gekommen zu sein.

Es ist der Frieden und die Menschlichkeit seiner Regierung, die jene Leute aus dem Westen zu dieser Bewunderung hingerissen hat. Dies ist verständlich angesichts der nahezu unaufhörlichen Kriege, die die europäische Geschichte gekennzeichnet haben. Es ist nicht schwierig, eine Friedenspolitik zu verkünden, aber nur wenige Herrscher der Menschheitsgeschichte haben eine solche Politik in die Tat umgesetzt. Doch Ashoka, der vor mehr als zweitausend Jahren in Indien lebte, hat demonstriert, daß es möglich ist, pazifistische Ideale in die Tat umzusetzen. Mehr noch, er hat, als Buddhist, das Töten von Lebewesen verboten und Maßnahmen zur Wohlfahrt seiner Untertanen ergriffen, wie etwa das Pflanzen von Bäumen an den Straßen, das Graben von Brunnen in bestimmten Abständen, die Errichtung von Rasthäusern für Reisende, die Versorgung seiner Untertanen mit Medizin und Kräutern. Er hat in der Verbreitung des Buddhismus eine ganz entscheidende Rolle gespielt und hat mitgeholfen, daraus eine Weltreligion zu machen. Deshalb ist er eine eingehende Beschäftigung wert.

In einem gewissen Sinn stecken die Studien über Ashoka noch in ihren Kinderschuhen. Bis 1915 wurde er nicht einmal als historische Persönlichkeit betrachtet. Es ist möglich, daß künftige Ausgrabungen mehr von seinen Inschriften zutagefördern und wir mehr über diese bemerkenswerte Gestalt erfahren werden.

König Ashoka scheint um 268 v. Chr. den Thron bestiegen zu haben. Gemäß dem Sanskrit-Kanon des Buddhismus war dies gerade hundert Jahre nach dem Tod Shakyamunis, dem Pali-Kanon zufolge 218 Jahre nach dem Tod Shakyamunis. In Wirklichkeit sind diese Zahlen die wichtigsten Daten, die von den Gelehrten verwendet werden, um das Datum von Buddhas Tod zu rekonstruieren, aber dieses Problem ist zu komplex, um es hier zu behandeln.

Sieben Jahre nachdem er den Thron bestiegen hatte, trat Ashoka zum Buddhismus über und wurde ein *upasaka* oder männlicher Laiengläubiger. Am Anfang scheint sein Glaube nicht sehr leidenschaftlich gewesen zu sein. Im neunten Jahr seiner Herrschaft griff er den Staat Kalinga an, der in der Gegend des heutigen Orissa liegt. Er tötete einige hunderttausend Menschen und nahm weitere hundertfünfzigtausend gefangen, und verschleppte sie. In dieser Zeit scheint er einen inneren Wandel durchgemacht zu haben. Gemäß einer Inschrift erschütterte ihn der Anblick von Leid und Tod so sehr, daß er gelobte, nie mehr in den Krieg zu ziehen.

Man sagt, vor diesem Kriegszug sei er häufig »Ashoka, der Tyrann« genannt worden. Der Legende zufolge soll er bei seiner Thronbesteigung fünfundneunzig seiner männlichen Verwandten ermordet haben, fünfhundert hohe Beamte soll er nach seiner Krönung beseitigt haben. Nach dem Angriff auf Kalinga kehrte er seiner auf militärische Macht beruhenden Herrschaft den Rücken zugunsten einer, die auf dem Dharma beruhte. Von da an wurde er der »Ashoka des Dharma« genannt.

Man kann zwar von einer Herrschaft, die auf dem Dharma beruhte, sprechen, aber es muß ein sehr schwer zu verwirklichendes Ideal für Ashoka gewesen sein. Auch nach der Eroberung Kalingas gab es viele wilde Stämme, die in den Wäldern und Bergen entlang der Grenzen seines Reiches lebten und eine ständige Bedrohung für den Frieden darstellten. Man kann sicher sein, daß gleichzeitig die Brahmanen und andere Gruppen der Gesellschaft, die seine Herrschaft ablehnten, ständig auf eine Gelegenheit lauerten, ihn zu Fall zu bringen. Entsprechend einer Quelle gab es in der damaligen Zeit 118 verschiedene Stämme, die in den verschiedenen Teilen Indiens lebten. Vor allem der Nordwesten war ein Herd ständiger Unruhen. Obwohl die Könige der Maurya fast den ganzen Kontinent unter sich vereinigt hatten, war die Stellung Ashokas keineswegs völlig friedlich und gefestigt. Die buddhistischen Texte weisen darauf hin, daß seine lange Herrschaft zu jeder Zeit gefährdet war.

Die Dynastie der Maurya wurde von Chandragupta, dem Großvater Ashokas, einem glühenden Verehrer des Jainischen Glaubens, mit militärischer Gewalt gegründet. Alexander der Große (356–323 v. Chr.) fiel 327 v. Chr. in Indien ein. Nach seinem Rückzug vertrieb Chandragupta erfolgreich die griechischen Garnisonen, griff um 317 v. Chr. den Herrscher des Nanda-Königreiches an, stürzte ihn und errichtete das erste einheitliche Reich in der Geschichte Indiens.

Chandragupta installierte mit Hilfe seines gerissenen Ministers Kautilya ein Netz politischer Spione im ganzen Land und regierte größtenteils durch Terror. Im Jahre 305 v. Chr. scheint er den griechischen König Syriens, Seleucus Nicator, besiegt zu haben. Eine Friedensallianz wurde vereinbart, die Chandragupta die Tochter des syrischen Königs zur Frau gab.

Der Sohn Chandraguptas, Bindusara, folgte ihm als Herrscher nach und arbeitete mit den gleichen unnachgiebigen Verwaltungsmaßnahmen, die Kautilya für seinen Vater ersonnen hatte. Er ist dafür bekannt, sechzehn Frauen gehabt zu haben, was zur Folge gehabt haben soll, daß Ashoka insgesamt 1001 Brüder und Schwestern hatte. Bindusara war das typische Beispiel eines sogenannten orientalischen Despoten, und man kann deshalb getrost annehmen, daß seine Position ständig gefährdet war, sowohl im Landesinneren als auch von außen.

Dasselbe galt, wie gesagt für Ashoka. Die Griechen sprechen vom Damoklesschwert. Auch Ashoka muß diese gefährliche Lage oft gespürt haben, nie wissend wann und woher ein Umsturzversuch drohte. Dies ist das Schicksal der Mächtigen.

Im Falle Ashokas jedoch enthüllten die Schrecken, die er in Kalinga erfahren hatte, die dunklen Seiten des Daseins. Er selbst hält in einem seiner Edikte fest, zweieinhalb Jahre nachdem er *upasaka* geworden und über ein Jahr nachdem er eine enge Verbindung mit dem buddhistischen Orden eingegangen sei und sich eifrig der religiösen Übung hingegeben hätte, sei er zunehmend zuversichtlicher geworden, mittels des Dharma zu regieren. Und wie man sieht, wurde er tatsächlich der größte Monarch der ganzen

indischen Geschichte. Aus diesem Grund hat der heutige indische Staat das Löwenkapitell einer der von Ashoka errichteten Säulen zum Symbol für sein amtliches Siegel gewählt.
Dennoch ist der Ruhm und Glanz, den Ashoka im Verlauf der Jahrhunderte genossen hat, nicht nur das Resultat seiner eigenen Kraft und seines persönlichen Geschicks als Herrscher. Vielmehr müssen sie als Frucht jener Lehren gesehen werden, die zuerst von Shakyamuni in den indischen Boden gepflanzt wurden und hinfort von zahllosen Anhängern des buddhistischen Ordens gehegt und gepflegt wurden.

Eine absolut pazifistische Regierung

Im folgenden sollen einige Edikte untersucht werden, die König Ashoka auf Säulen und Felsen eingravieren ließ, und soll gezeigt werden, wie seine Regierung funktionierte. Das dreizehnte Felsenedikt beschreibt, wie er den Staat Kalinga eroberte und Zeuge vom Leiden dieser Zeit wurde. Dann fährt der Bericht fort: »Doch da ist etwas, das ich, Liebling der Götter, noch betrüblicher finde: alle Einwohner – Brahmanen, Asketen und andere Sektenmitglieder, Haushaltsvorstände, die ihren Vorgesetzen, Eltern und Greisen gehorchen, die Freunde, Bekannte, Gefährten, Verwandte, Sklaven und Diener mit Respekt behandeln und fest in ihrem Glauben sind –, alle leiden unter Gewalt, Mord und Trennung von ihren Geliebten.«
Nachdem er sein Mitgefühl für seine leidenden Untertanen

ausgedrückt hat, erklärt er, daß die höchste Form der Eroberung die Eroberung mittels des Dharma sei. Und er gelobt, am Dharma festzuhalten, sich daran zu erfreuen und ihn zu verbreiten. Er weist auch darauf hin, daß er die benachbarten Staaten durch Gesandte aufgefordert habe, sich vom Kriegführen loszusagen und sich ihm in Frieden und Freundschaft anzuschließen.

Insbesondere, so erfahren wir aus diesem und aus einem anderen Edikt, hatte er Gesandte in den Süden, in die Länder der Cholas, Pandyas, Satyaputras, Keralaputras und auf die Insel Sri Lanka, in den Westen zu den fünf griechischen Königen Antiochus II. Theos von Syrien, Ptolemäus II. Philadelphos von Ägypten, Antigonus Gonatas von Mazedonien, Magas von Cyrene und Alexander II. von Epirus (oder vielleicht Alexander von Korinth)* geschickt.

Es überrascht kaum, daß westliche Gelehrte den Nachdruck der Bemühungen Ashokas bewundern, eine Politik der friedlichen Diplomatie umzusetzen. Die Menschheit des späten zwanzigsten Jahrhunderts beginnt gerade damit, eine Art von Maschinerie zur Erhaltung des friedlichen Zusammenlebens der Nationen auszuarbeiten, obwohl die Großmächte weiterhin riesige Waffenlager aufrichten und miteinander im Geist der Geheimhaltung und Verdächtigung verhandeln. König Ashoka hingegen rief zu einem absoluten Pazifismus auf, der auf den Idealen

* Antiochus II. Theos (um 287/286–246 v. Chr.); Ptolemäus II. Philadelphos (285–246 v. Chr.); Antigonus Gonatas (276–239 v. Chr.); Magas (gest. ca. 250 v. Chr.); Alexander II. (gest. nach 245 v. Chr.); Alexander (gest. ca. 245 v. Chr.)

des Buddhismus beruhte, und wiederrief einseitig das Kriegführen, ein Schritt, der für eine große Nation äußerst schwierig ist. Die japanische Verfassung ist in ihrer Lossagung vom Krieg einzigartig unter den Verfassungen der Welt, und doch ist das heutige Japan die siebentgrößte Militärmacht der Erde. Dies ist für mich ein Zeichen, daß Japan bis zum Verstehen und Begreifen des Ideals des absoluten Pazifismus noch einen weiten Weg zu gehen hat.
Den Berichten zufolge veringerte König Ashoka, nachdem er beschlossen hatte, mittels des Dharma zu regieren, seine Rüstung und setzte seine Truppen nur mehr für Paraden und zeremonielle Zwecke ein. Weiters wird berichtet, daß die Bauern und andere Gruppen der Gesellschaft keinen Militärdienst mehr abzuleisten brauchten. Die Regierung des Dharma wurde also dem Volke nicht durch einen militarisierten Staat aufgezwungen.
Ashokas Politik war es, seine Untertanen wie seine eigenen Kinder zu behandeln, selbst wenn er es mit den widerspenstigen Stämmen der Grenzgebiete zu tun hatte. Dieser Geist kommt im folgenden Edikt klar zum Ausdruck. Es war an die Beamten gerichtet, die in den neueroberten Staat Kalinga geschickt werden sollten. Ein Teil davon lautet folgendermaßen:
»Alle Menschen sind meine Kinder. So wie ich meinen Kindern nur Wohlergehen und Glück auf dieser und in der nächsten Welt wünsche, so wünsche ich dies allen Menschen. Aber ich glaube, daß es unter den verschiedenen Völkern der Grenzgebiete, die sich noch nicht unterworfen haben, die bei sich denken: ›Was will der König von uns?‹ Ich will Euch also ehrlich sagen, was das einzige ist, was ich von den Völkern der Grenzgebiete will. ›Das ist es, was

der König will: Ich möchte, daß die Völker der Grenzgebiete frei von Furcht vor mir sind. Ich möchte, daß sie mir vertrauen und nur Wohlergehen aber keine Mühsal aus meinen Händen erhalten. Sie sollen folgendes verstehen: ›Der König wird alles für ihr Heil auf sich nehmen. Wenn sie meine Lehren befolgen und den Dharma praktizieren, dann werden sie in dieser Welt und in der nächsten sicherlich Glück und Wohlergehen erfahren.‹«

Der Satz: »Alle Menschen sind meine Kinder« ist besonders auffallend, eine lebendige Verkörperung der buddhistischen Lehre von der Gleichheit aller Menschen, unabhängig von ihrer Zugehörigkeit zu einer der vier traditionellen Klassen der indischen Gesellschaft. Der Buddhismus lehrt auch, daß wir allen lebenden Wesen zu Dank verpflichtet sind. König Ashoka scheint diese Verpflichtung allen lebenden Dingen gegenüber nicht nur in seinem Königreich, sondern auf der ganzen Welt anerkannt zu haben. Man mag sich zu Recht fragen, wieviele solche Herrscher in der Geschichte überhaupt existiert haben.

Ob Ost oder West, Vergangenheit oder Gegenwart, die große Mehrheit der Machthaber scheint nur damit beschäftigt zu sein, dem Volk ihren Willen aufzuzwingen, egal welche gewaltsamen Mittel dazu auch notwendig sind. Jene, die einsehen, daß sie auch Verpflichtungen ihrem Volk gegenüber haben, sind wirklich in der Minderheit.

Ashokas Entschlossenheit, so rechtschaffen und wirksam als möglich zu regieren, wird aus der sechsten Felsinschrift ersichtlich, die sich folgendermaßen liest:

»In der Vergangenheit haben sich die Herrscher lange Zeit geweigert, zu jeder Stunde des Tages über Staatsangelegenheiten zu entscheiden oder Bittsteller zu empfangen. Ich aber erlasse folgenden Befehl: Ob ich mich bei einer Mahlzeit befinde oder in den Frauengemächern bin, ob ich in meinem Gemach oder in meiner Menagerie bin, ob ich in einem Wagen fahre oder in meinen Lustgärten bin, Beamte mit Bittgesuchen an mich, die die Regierung des Volkes betreffen, sollen zu jeder Stunde und an jedem Ort Einlaß finden. Wenn dies der Fall ist, werde ich für meinen Teil über die Angelegenheiten, die das Volk betreffen, entscheiden, wo immer ich auch bin. Jedesmal wenn im Rat ein Streit ausbricht oder wenn man gegen die Gunst, die ich erwiesen habe, opponiert, oder wenn man die Befehle, die ich persönlich erteilt habe, zur Ausführung der Erlässe oder zur Lösung von schwerwiegenden Angelegenheiten, die ich den hohen Beamten anvertraut habe, wenn man dies zurücknehmen will, so soll man mir sofort die Kunde überbringen, unabhängig davon, wo ich bin und welche Zeit es ist.«

Wie aus dieser Inschrift klar wird, war sich Ashoka selbst der historischen Tragweite bewußt, die sich an seine Methode, persönlich zu regieren anschloß. Tatsächlich erklärt er sich selbst zum ersten Monarchen der Geschichte, der nicht mit Militärgewalt, sondern mit der Kraft des Dharma regiert.

Es mag von Interesse sein, die Hauptpunkte der verschiedenen Edikte darzulegen:

Erstes Edikt: Verbot, Leben zu töten, Tiere zu opfern.

Zweites Edikt: Die Errichtung von zweierlei Arten von Krankenhäusern, eines für Menschen und ein anderes für Tiere, der Anbau von Kräutern, das Pflanzen von Bäumen entlang der Straßen und das Graben von Brunnen.

Drittes Edikt: Erlaß zur Inspektion der Provinzen, die alle fünf Jahre erfolgen soll.
Viertes Edikt: Darlegung der Maßnahmen zur Verbreitung des Dharma.
Fünftes Edikt: Bestellung von »Dharma-Beamten« zur Ausführung der neuen Politik.
Sechstes Edikt: Erlaß betreffend die prompte Annahme von Bittgesuchen und Verfügung über Staatsangelegenheiten.
Siebentes Edikt: Wunsch, daß alle religiöse Sekten in allen Gegenden anwesend sein mögen, Aufruf zur Selbstaufgabe und Reinheit des Herzens.
Achtes Edikt: Aufgabe der Vergnügungsreisen der vorangegangenen Herrscher und Beginn der Dharma-Exkursionen.
Neuntes Edikt: Dharmagebete und Erklärung ihrer Bedeutung.
Zehntes Edikt: Erklärung, wie aus der Befolgung und Ausführung des Dharma Ruhm und Herrlichkeit erwachsen.
Elftes Edikt: Erklärung des Dharma-Geschenks: der gute Wille im Namen des Dharma, das Teilen von Gütern im Namen des Dharma, das Eingehen einer Bindung mit dem Dharma, bilden die höchste Form des Almosens.
Zwölftes Edikt: Aufruf zur gegenseitigen Toleranz unter den religiösen Sekten, Feststellung, daß die Nährung der Bedeutendsten jeder Sekte die höchste Form des Almosens und der Verehrung darstellt; Ernennung von Dharma-Beamten, eines Ministers für Frauen und eines Direktors für das Tierheiligtum.
Dreizehntes Edikt: Beschreibung der Schrecken der Erobe-

rung Kalingas, Ausdruck der Reue, Verehrung des Dharma und Entschluß, ihn zu verbreiten; die Eroberung durch den Dharma wird zur höchsten Form der Eroberung erklärt; Abgesandte werden in die Nachbarstaaten geschickt, fünf griechische Könige werden namentlich erwähnt.

Vierzehntes Edikt: Abschlußworte; Bestimmung der Ediktsinschriften, die in den verschiedenen Teilen des Reiches aufgestellt werden sollen, in drei Arten: kurz, ziemlich eingehend und sehr genau, abhängig vom Ort.

Zusätzlich zu diesen vierzehn Haupterlässen wurden andere Bekanntmachungen König Ashokas als Inschriften in kleineren Felsen, auf Steinsäulen verschiedener Größen, in Höhlen und in anderer Form in allen Teilen Indiens, die von der Maurya-Dynastie beherrscht worden sind, gefunden.

In einer Zeit ohne unsere modernen Kommunikationsmittel war es für die Regierung üblich, ihre Ziele und ihre Politik dem Volke durch Fels- und Säuleninschriften kundzutun. Obwohl sie vor mehr als zweitausend Jahren geschrieben worden sind, scheinen diese Worte Ashokas auch den heutigen Menschen eindringlich anzusprechen. Daß so viele politische Führer der Gegenwart nicht über das Format dieses großen Monarchen des Altertums verfügen, ist zu bedauern.

Nachdem wir gesehen haben, wie die buddhistischen Auffassungen bei den Idealen der mildtätigen Regierung Ashokas eine wesentliche Rolle spielten, möchte ich nun die religiöse Situation Indiens zur Zeit Ashokas untersuchen.

Zuerst einmal ist es wesentlich festzuhalten, daß Ashoka, obwohl er ein glühender Buddhist war, keinen Versuch unternahm andere religiöse Gruppen zu unterdrücken. Im Gegenteil, er leistete ihnen positive Hilfe und unterstützte sie.

Ashoka war zum Buddhismus durch die Lehrtätigkeit der Mönche von Magadha gekommen. Wie der Indologe D. D. Kosambi hervorhob, ist seine Bekehrung oft mit der des römischen Kaisers Konstantin zum Christentum im Jahre 325 verglichen worden. Während aber Konstantin das Christentum zur Staatsreligion erhob und aktive Maßnahmen zur Ausrottung aller anderen Religionen im römischen Reich unternahm, zeigten sich Ashoka und seine Nachfolger bei weitem toleranter und verteilten an die Brahmanen, Jains, Ajivikas und andere nichtbuddhistische Sekten Ehren und Geschenke. Er stellte Brahmanen in seiner Verwaltung an und drückte in seinen Edikten seinen Respekt den anderen Religionen ebenso wie dem Buddhismus gegenüber aus.

Dies führt uns zur Frage, wie die richtige Beziehung zwischen Staat und Religion aussehen sollte. Die Auffassung der Einheit von Kirche und Staat ist eine typisch westliche Ansicht, die auf die Allianz zwischen den römischen Kaisern und dem Christentum zurückgeht. Der Buddhismus hat stets die Auffassung vertreten, daß die allgemeinen Prinzipien, die sich aus seinen Einsichten als Religion ergeben, in der Regierung der jeweiligen Zeit ihren Ausdruck finden sollen. Aber dies ist von der Auffassung der Einheit von Staat und Kirche sehr verschieden und sollte nicht damit verwechselt werden.

In Ashokas Fall ist es klar, daß er als Führer eines großen Staates versuchte, sein Tun auf die Grundlage des buddhistischen Prinzips vom Mitgefühl zu stellen und dies durch seine Regierungspolitik materialisieren wollte. Dabei versuchte er keineswegs, der Bevölkerung die buddhistischen Ideale als religiöses Dogma aufzuzwingen. Er präsentierte dieses Ideal vielmehr als Dharma, als »Wahrheit« oder »als Weg der Rechtschaffenheit«, was alle Menschen allein auf Grund ihres Menschseins verstehen und unterstützen konnten. Die Schlüsselbegriffe des Dharma, wie er sie in seiner Politik zum Ausdruck brachte, waren die universellen Ideale des absoluten Pazifismus und des Respekts gegenüber dem Leben, Ideale, die für Buddhisten ebenso wie für Nichtbuddhisten annehmbar waren. Wäre Ashoka über diesen Punkt hinausgegangen, und hätte er den Buddhismus zur Staatsreligion erklärt und Maßnahmen zur Unterdrückung des Brahmanismus und der anderen Sekten ergriffen, dann hätte er zweifellos die Feindschaft der Bevölkerung geweckt und hätte sich in Wirklichkeit vom wahren Geist des Buddhismus entfernt.

In diesem Zusammenhang ist folgende Feststellung wichtig: Man mag zwar einwenden, wie es heute allgemein getan wird, daß Staat und Religion zwei vollkommen verschiedene Lebensordnungen darstellen und daß ein

Monarch oder Regierungschef in seinem öffentlichen Leben alle Religionen gleich behandeln sollte. Doch heißt dies nicht, daß es einem Staatsoberhaupt untersagt ist, selbst einer bestimmten Religion anzugehören. Ein solches Verbot würde ihn der Glaubensfreiheit berauben, die heute in den meisten Ländern als bürgerliches Grundrecht anerkannt wird. Im Gegenteil sogar, ein politischer Führer ohne jeden Glauben würde bei seinen Bürgern nur Mißtrauen und Angst hervorrufen. Sie würden sich vorkommen wie die Passagiere eines Schiffes, dessen Kapitän keinen Kompaß hat. Nur wenn ein politischer Führer auf Grund seiner persönlichen Überzeugungen die öffentliche Macht ausnutzt, um sich in die religiösen Angelegenheiten einzumischen, dann entstehen Schwierigkeiten. In so einer Situation wird es für die Bevölkerung notwendig, sich zusammenzutun, um ihre eigene Religionsfreiheit zu verteidigen und um diese politische Einmischung zu beenden.
Es gibt Hinweise, daß König Ashoka vor seiner Bekehrung zum Buddhismus aktiv die Mönche und Laienmitglieder des buddhistischen Ordens verfolgte. Das war einer der Gründe, weshalb er als »Ashoka der Tyrann« bekannt war. Wie es in einigen buddhistischen Texten erwähnt wird, waren die Buddhisten die ersten, die ihn deswegen ermahnten, obwohl ihnen klar war, daß sie damit den Tod riskierten. Und doch gelang ihnen mit der Zeit seine Bekehrung.

Diese Entwicklung wird im vierten kleineren Felsenedikt anschaulich beschrieben:

»Zehn Jahre nach meiner Krönung habe ich, der Liebling der Götter, damit begonnen, den Dharma meinem Volk zu predigen. Seitdem habe ich mich bemüht, den Dharma zu hegen und unter dem Volk zu verbreiten. So haben alle Wesen in allen Gegenden Wohlergehen und Glück erlangt. Als König habe ich danach gestrebt, Leid von denLebewesen fernzuhalten. Ich habe die vielen Fischer, Jäger und Jagden, die die früheren Herrscher besessen haben, aufgegeben. Wenn irgendjemand so unbeherrscht war, Lebewesen zu töten, dann hat er jetzt, sofern er dazu imstande war, diese Unbeherrschtheit aufgegeben. Also gehorchen alle Menschen ihren Vätern, Müttern und Lehrern und sie werden in dieser und in der nächsten Welt mit allen anderen glücklich und zufrieden leben.«

Wie diese und andere Passagen in den Edikten Ashokas beweisen, war seine Regierung von einem Mitgefühl für alle Lebensformen gekennzeichnet. Er rief nicht bloß zur Beendigung der Tieropfer und anderer Arten der Tötung auf, sondern war selbst strenger Vegetarier und verbot für eine Weile den Verzehr jeglichen Fleisches innerhalb des Palastes.

Es wurde bereits erwähnt, daß er darauf bedacht war, alle religiösen Sekten im öffentlichen Leben gleichberechtigt zu behandeln. Er stiftete sogar Höhlenklöster für die Ajivikas, eine Sekte, die von einem der sogenannten sechs unorthodoxen Lehrer abstammte, die ich in meinem früheren Buch beschrieben habe, und die eine der Hauptrivalinnen des Buddhismus war. In seinem Privatleben ließ er aber keinen Zweifel daran, daß er ein Buddhist war. Zehn Jahre nach seiner Thronbesteigung unternahm er eine Pilgerreise nach Gaya, dem Ort der Erleuchtung des Buddha. Danach ging er nicht wie in früheren Jahren auf Vergnügungs- sondern auf Inspektionsreisen, um die Lebensbedingungen der Bevölkerung zu erfahren und um ihr Anleitung zu geben. Er nannte diese Fahrten »Dharma-Lehrreisen«. Er besuchte auch Lumbini, den Geburtsort Shakyamunis, um ihm zu huldigen, und unternahm Schritte, die dortigen Steuern herunterzusetzen.

Es ist überliefert, daß er vierundachtzigtausend große Tempel und vierundachtzigtausend Stupas errichtete, um die Reliquien des Buddha aufzubewahren. Die vielen Stupas, die man in den letzten Jahren in allen Teilen Indiens gefunden hat, scheinen zumindest die zweite Zahl zu bestätigen. Diese Stupas bargen auch viele Gaben von Laien und bestätigen damit ohne jeden Zweifel, daß der Buddhismus zu jener Zeit alle Teile Indiens erfaßt hatte. Früher existierte der Buddhismus, wie wir gesehen haben, in verschiedenen Zentren, die über das ganze Land verstreut waren. Zur Zeit Ashokas wurde er zum ersten Mal eine der nationalen Religionen Indiens.

Ashoka sandte auch Abordnungen von buddhistischen Mönchen in verschiedene Gebiete, um die Verbreitung des Glaubens voranzutreiben. Eine dieser Missionen, die von Prinz Mahinda geleitet wurde, reiste auf die Insel Sri Lanka. Es wird behauptet, daß dies der Ursprung des Theravada-Buddhismus gewesen sei, der bis heute in diesem Land und in vielen Ländern Südostasiens vorherrscht.

Es wird berichtet, daß sechzigtausend Mönche in Pataliputra, der Hauptstadt Ashokas, gelebt haben sollen. Es ist also sicher, daß der Buddhismus in eine Periode großer Blüte und Pracht eingetreten war. Es heißt sogar, daß die brahmanischen Priester, die nicht länger ihren Lebensunterhalt bestreiten konnten, überlegten, geschlossen zur buddhistischen Religion überzutreten. Dies scheint aber

zumindest übertrieben zu sein, wenn es nicht überhaupt als Scherz gemeint ist.
Die Texte des Pali-Kanons berichten, man habe in Pataliputra 236 Jahre nach dem Tod von Shakyamuni eine Versammlung von eintausend Mönchen einberufen, um die heiligen Schriften in Ordnung zu bringen. Der Grund war das rasche Anwachsen der Buddhisten und die Angst, die Lehren könnten in der Verwirrung verdreht oder mißinterpretiert werden. Dieses Ereignis ist allgemein unter dem Namen »das Dritte Konzil« oder das Konzil der Tausend Mönche bekannt. Es scheint, daß die Lehren Shakyamunis zu dieser Zeit einen Prozeß der Überprüfung und der Vereinheitlichung durchliefen und daß die riesige Anzahl von Texten, die bis auf den heutigen Tag überliefert wurden, damals die Form annahmen, die sie später haben sollten.
König Ashoka regierte insgesamt siebenunddreißig Jahre. Während etwa der letzten zwanzig Jahre, nach der Eroberung von Kalinga, hörte man von keinem Krieg im Reiche, und das Volk konnte ein Leben in Frieden genießen. In seinem fünften Säulen-Edikt stellt Ashoka fest, er habe bis zum sechsundzwanzigsten Jahr seiner Herrschaft insgesamt fünfundzwanzigmal Insassen der Gefängnisse amnestiert. In der Welt des dritten Jahrhunderts vor Christus war so eine humanitäre Haltung nicht mehr und nicht weniger als bahnbrechend.
Sein Wesen war das genaue Gegenteil des Despoten, der sein Volk ausbeutet und unterdrückt. Er wollte sich nicht mit den üblichen Titeln »Großer König« oder »Kaiser« schmücken, sondern sah sich am liebsten einfach als der »König von Magadha«. Dies ist ein weiterer Hinweis

darauf, wie weit er vom üblichen prahlerischen Monarchen entfernt war. Es ist klar, daß er all seine Anstrengungen darauf ausrichtete, das gesellschaftliche Wohlergehen zu fördern, solange die Staatskasse noch über Mittel verfügte.

Ich glaube, daß die Zeit kommen wird, in der man auf der ganzen Welt das Wirken Ashokas studieren wird, in der seine wahre Größe allgemein erkannt und geschätzt werden wird. Ich sage dies, weil heute so viele Menschen angesichts der Krisen unseres modernen Zeitalters, sich den buddhistischen Idealen und Prinzipien zuwenden, mit denen er regiert hat.

Die Fragen des Königs Milinda

Ein griechischer König und Philosoph

Nach dem Tod König Ashokas erlosch die Dynastie der Maurya, und das große Reich wurde durch innere Auseinandersetzungen und äußere Angriffe auseinandergerissen. Nordwestindien kam zu jener Zeit unter die Herrschaft von griechischen Königen aus Westasien. Einer der bedeutendsten davon war König Menander*, der in der zweiten Hälfte des zweiten Jahrhunderts v. Chr. lebte und in indischen Quellen genannt wird. Da er eine sehr enge Verbindung zum Buddhismus hatte und gewissermaßen einen Berührungspunkt zwischen ihm und der Welt der griechischen Kultur darstellt, möchte ich hier näher auf ihn eingehen.

Wie bereits erwähnt, hatte König Ashoka zuvor versucht, einigen griechischen Königen des Westens seinen Glauben und seine Ideale als buddhistischer Herrscher nahezubringen, indem er Abgesandte an ihren Hof schickte. Es ist allerdings nicht möglich nachzuprüfen, wie erfolgreich diese Unternehmungen waren, da sich in den klassischen westlichen Quellen keine Erwähnung davon findet.

Zur Zeit der Herrschaft Ashokas war Indien ein großes geeintes Reich, das den griechischen Königsreichen an

* Menander (gest. ca. 140 v. Chr.), König des gräko-indischen Reiches, bemächtigte sich um ca. 160 v. Chr. der Herrschaft in Nordwestindien.

Größe und Macht klar überlegen war. Zur Zeit des Königs Menander war die Situation genau umgekehrt. Der Westen war politisch und militärisch überlegen, und Indien, schwach und zerstritten, war das Opfer von Invasion und Unterjochung. Und doch, auf geistigem und kulturellem Gebiet standen Ost und West einander gleichwertig gegenüber.

König Menander spielt eine große Rolle in einem buddhistischen Werk, das auf Pali geschrieben wurde und den Titel Milindapanha oder »Die Fragen des König Milinda« trägt. Milinda ist der Pali-Ausdruck für seinen Namen. Da sich meine Abhandlungen auf den Pali-Text beziehen, nenne ich ihn von nun an Milinda.

Was war Milinda für eine Person? Der Text beschreibt ihn wie folgt: »Milinda [war] gebildet, redegewandt, weise und fähig; durch seine eigenen heiligen Hymnen über Vergangenheit, Gegenwart und Zukunft geschult, war er ein gewissenhafter und rechtzeitiger Beobachter all der verschiedenen Zeremonien und Andachtshandlungen. Er beherrschte viele Künste und Wissenschaften – die heilige Überlieferung und das weltliche Gesetz; die Sankhya-, Yoga-, Nyaya- und Vaisheshika-Systeme* der Philosophie; Arithmetik; Musik; Medizin; die vier Veden**, die Pura-

* Sankhya ist eine »Aufzählungsphilosophie« (Aufzählung der Weltprinzipien); Yoga (Anspannung, Trainierung); Nyaya (Logik); Vaisheshika (Lehre von den Unterschieden der Substanzen). – Anm. des Verlages

** Veda (Wissen): ein in Sanskrit abgefaßter Corpus von Werken; zerfällt in Rigveda (Hymnen an die Götter), Samaveda (Opfergesänge), Yadschurveda (Opfersprüche), Atharvaveda (Zauberlieder). – Anm. des Verlages

nas* und die Ithihasas; Astronomie, Magie, das Kausalprinzip und Zaubersprüche; die Kriegskunst; die Dichtkunst; übertragen mit einem Wort alle neunzehn Künste und Wissenschaften.
Als Diskussionspartner war ihm schwer beizukommen und noch schwerer war es, ihn zu schlagen. Unter den Gründern der verschiedenen philosophischen Schulen war er anerkanntermaßen der Hervorragendste. Es gab in ganz Indien niemand, der ihm an Weisheit, Körperkraft, Schnelligkeit und Tapferkeit ebenbürtig gewesen wäre. Auch war er reich, unermeßlich wohlhabend und seine Heerscharen waren zahllos**.«
Diese Stelle wurde wahrscheinlich zu einem späteren Zeitpunkt in den Text eingefügt. Es läßt sich kaum bestimmen, wie genau dieses Herrscherportrait Milindas ist, der vor mehr als zweitausend Jahren gelebt hat. Sie gibt aber letztlich einen Hinweis auf die Blüte der Wissenschaft und die Vielzahl ihrer erlernbaren Disziplinen im damaligen Indien.
Was die Arithmetik betrifft, so ist auffallend, daß die Zahlen, die wir heute verwenden, als arabische Zahlen bekannt sind (weil sie Europa über die Araber erreichten), während sie in Wirklichkeit eine Erfindung der Inder sind. Der Begriff der Null bestand in Indien schon vor etwa zweitausend Jahren, auch wenn die Mayas in Zentralamerika sie schon zu einem noch früheren Zeitpunkt angewen-

* Puranas, 18 alte Erzählungen, die von der Weltschöpfung, den kultischen Riten und von Weisheitslehren handeln. – Anm. des Verlages
** nach: *The Questions of King Milinda,* übersetzt von T. W. Rhys Davids, New York 1963, S. 6/7.

det haben sollen. Es gibt keinen Zweifel darüber, daß die indische Gesellschaft zur Zeit König Milindas einen äußerst hohen Stand der Bildung und Kultur hatte.
Es scheint so zu sein, daß König Milinda ergänzend zu seiner traditionellen Bildung in griechischer Kultur und griechischem Denken auch versuchte, sich selbst mit indischer Kultur und ihrem Denken vertraut zu machen. Diese Kombination westlicher und östlicher Gelehrsamkeit muß ihn in den Augen eines gewöhnlichen Inders zu einer ehrfurchtsgebietenden Person gemacht haben. Es wird auch berichtet, daß sich eine ganze Anzahl von indischen Philosophen mit ihm in der Debatte zu messen suchte, ihn jedoch keiner zu schlagen vermochte.
Wie es bei den griechischen Königen üblich war, ließ er Münzen mit seinem Portrait prägen. Photographien davon zeigen, daß er, wiewohl keine besondere Schönheit, ein überaus intelligentes Gesicht hatte.
Was hat diesen Mann dazu bewegt, sich aktiv in Debatten mit den indischen Philosophen und religiösen Führern der Brahmanen und Buddhisten einzulassen? Einige Gelehrte mutmaßen, daß es rein politische Gründe gewesen sind, nämlich die Hoffnung auf die Erlernung einer effektiveren Regierungsweise in der Fremde. Andere weisen darauf hin, es sei seit den Tagen Alexanders des Großen für griechische Könige Brauch gewesen, die Unterweisung weiser Männer in anderen Ländern zu suchen. Meine eigene Vermutung ist, daß er versuchte Platos Ideal vom Philosophenkönig zu verwirklichen, oder, daß er vielleicht bewußt Alexander den Großen nachahmte, der unter Aristoteles Philosophie studiert hatte.
Wie dem auch sei, wenn man einen Blick auf die Methoden

König Milindas in der Debatte wirft, dann erinnern sie sehr stark an die griechische Philosophie. Obwohl er wahrscheinlich auch die indischen Wissenschaften studiert hatte, ist seine Denkweise und seine Geisteshaltung im wesentlichen typisch griechisch. Dies erkennt man daran, daß viele seiner Fragen auf einem entweder/oder-Muster beruhen. Das heißt, er bietet zwei Prämissen und fragt, welche davon die richtige ist. Diese Geisteshaltung ist für das griechische, und eigentlich auch für das gesamte westliche Denken charakteristisch. Außerdem fällt auf, daß viele der Fragen bewußt darauf zugeschnitten sind, den Gegner zu Fall zu bringen, oder sie sind solcher Natur, daß es einem schwerfällt zu erkennen, welchen praktischen Nutzen man aus ihrer Beantwortung gewinnen kann.

So zum Beispiel erfährt man, daß König Milinda den antinomischen Philosophen Purana Kassapa besuchte und mit ihm folgenden Dialog führte:

»›Wer, verehrter Kassapa, regiert die Welt?‹

›Die Erde, großer König, regiert die Welt!‹

›Aber, verehrter Kassapa, wenn die Erde die Welt regiert, wie kommt es dann, daß einige Menschen in die Avici-Hölle gehen, und damit die Erdatmosphäre verlassen*?‹«

Kassapa, außerstande darauf zu antworten, soll sich in Schweigen gehüllt haben.

Wie so viele Menschen, die von ihrer intellektuellen Fähigkeit entzückt sind, hatte Milinda sicherlich einen Genuß daran, sein Gegenüber auf diese Art zu übertrumpfen. Es läßt sich auch vorstellen, daß die Inder, obwohl sie von den Griechen politisch unterjocht wurden, doch stolz darauf

* Nach: *The Questions of King Milinda, S. 7.*

waren, die Griechen auf geistigen und wissenschaftlichen Gebieten zu übertreffen und König Milinda ließ sich deshalb nicht die Gelegenheit nehmen, sie hier zurechtzuweisen.

Wie immer es sich damit verhalten mag, es steht außer Zweifel, daß diese Frage eher dumm war. Es ist schwer zu verstehen, warum Purana Kassapa nicht imstande war, darauf eine Antwort zu finden. Wenn er darauf hingewiesen hätte, daß die Geschöpfe nach dem Tod nicht in ihrer physischen Form in die Avici-Hölle fahren, dann hätte er die Unannehmlichkeit mühelos vermieden. Oder, besser noch, hätte er erklären können, daß die Avici-Hölle, obzwar sie die unterste und heißeste der Höllen am Grund der Welt der Wünsche sein soll, in Wirklichkeit nur ein Sinnbild darstellt, eine Metapher für ein Stadium unbarmherzigen Leids. Der König, der annimmt, daß sie wirklich irgendwo außerhalb der Erde besteht, und sich danach erkundigt, wie man hinkommt, ist in Wirklichkeit der Dumme.

Aber vielleicht sollte man mit Milinda nicht so hart ins Gericht gehen. Auch heute begegnen wir Fragen über den Buddhismus und buddhistische Auffassungen, die ebenso dumm sind. Besonders schlecht zeigen sich in dieser Hinsicht die Intellektuellen des modernen Japan, die in den meisten Fällen eine ziemlich gründliche Erziehung in europäischer Kultur erhalten haben, aber fast nichts über indisches Denken oder die Weisheit des Buddhismus wissen. Was den Buddhismus betrifft, tragen sie wahrscheinlich dieselbe Unwissenheit und dasselbe Mißverständnis zur Schau, wie König Milinda zweitausend Jahre zuvor. Es ist zwecklos zu versuchen, die japanische oder ostasiatische oder sogar die Welt-Kultur zu verstehen, während man gleichzeitig den Einfluß des Buddhismus außer acht läßt. Gerade weil soviel Japaner keinerlei Anstrengung unternommen haben, den Buddhismus zu verstehen, der in der Vergangenheit eine so große Rolle gespielt hat, und sich eingebildet haben, wenn sie den Geist des westlichen Rationalismus beherrschen, dann können sie die Angelegenheit der Welt verstehen, der wir heute in so vielen Problemen gegenüberstehen. Damit meine ich keineswegs, daß wir den westlichen Rationalismus sofort aufgeben und zur östlichen Weisheit zurückkehren sollten. Es ist nicht die Frage, eine der beiden Richtungen zu wählen. Entscheidend ist, daß wir einen ehrlichen und aufgeschlossenen Versuch machen, beide richtig zu verstehen.

Dies scheint bei König Milinda der Fall gewesen zu sein. Er begann seine Laufbahn als militärischer Eroberer, richtete seine Kräfte aber später auf die Aufgabe, das indische Denken mittels der philosophischen Debatte zu verstehen. Ungefähr um die Zeit zwischen 160 und 140 v. Chr. gewann er die Oberhand über die Region von Kabul im heutigen Afghanistan, um später in Indien einzudringen, wobei er im Laufe der Zeit seine Herrschaft bis nach Mittelindien ausdehnte. Die Inder nannten ihn den größten König ganz Indiens. Nach seinem Tod wurden seine Gebeine über das ganze Land verteilt und an vielen verschiedenen Orten begraben, so wie es zuvor bei Shakyamuni der Fall gewesen war. Letzteres geschah wahrscheinlich auf eigenen Wunsch Milindas. Die Gelehrten meinen, daß er indisch sprach, und es ist anzunehmen, daß er sich im Lande fast vollkommen eingelebt hatte und daß er es schließlich als seine Heimat betrachtete.

Gibt es ein ehrliches Bestreben zum gegenseitigen Verständnis, dann können die nationalen und die Rassen-Schranken immer in der einen oder anderen Weise überwunden werden. König Milinda, der die Unterhaltung und die Debatte mit anderen liebte, fand, daß für ihn dies der Weg zum Verstehen war.

Die Weisheit Nagasenas

Wie wir gesehen haben, nützte König Milinda jede Gelegenheit, sich mit ausgezeichneten Mönchen und religiösen Führern zu treffen und mit ihnen zu debattieren. Doch lange Zeit schien er außerstande, jemanden zu finden, den er als würdigen Gegner hätte akzeptieren können. Der Erzählung zufolge soll er tief geseufzt und folgendes geäußert haben: »Ganz Indien ist leer, es ist wahrhaft ein Witz! Es gibt niemanden, weder Einsiedler noch Brahmanen, der fähig wäre, Fragen mit mir zu diskutieren und meine Zweifel zu zerstreuen.«*

Solch ein Zustand war sicherlich für die Brahmanen, Buddhisten und anderen religiösen Gruppen jener Zeit beschämend. In der Einleitung zu den Fragen des Königs Milinda erfährt man, daß die Mitglieder des buddhistischen Ordens daraufhin ernsthaft nach einem Mönch suchten, der fähig gewesen wäre, sich dem König zur Debatte zu stellen.

* *The Questions of King Milinda*, S. 10.

Da erscheint Nagasena auf der Bildfläche. Es wird erzählt, daß er am gleichen Tag geboren wurde wie ein sehr großer Elefant. Deshalb gab man ihm den Namen Nagasena. Naga ist das indische Wort für Elefant, ein Tier, das in Indien sehr verehrt wird. Es scheint ganz so, als ob der Name Nagasena symbolisieren soll, daß Nagasena der König der Welt des Denkens ist, so wie Milinda das Oberhaupt des Staates.

Der Überlieferung zufolge soll er in einer Brahmanenfamilie geboren worden sein, und hätte bereits im frühen Alter Gefallen am Lernen gefunden. Schon als Kind hätte er die drei Veden gemeistert, später allerdings bezeichnete er sie als »Unsinn«, verließ sein zu Hause und wurde ein buddhistischer Mönch. Nach nicht allzulanger Zeit wurde dieser junge Mönch in ganz Indien wegen seiner unübertroffenen Redekunst berühmt. Dieser Ruf kam König Milinda in seiner Hauptstadt Shakala zu Ohren.

Ein Aufeinandertreffen der zwei in einer Debatte war unvermeidlich. Man kann aber sicher sein, daß Nagasena jede nur mögliche Maßnahme traf, um auf das Treffen vorbereitet zu sein. Er wußte nämlich, daß der Ruf der ganzen buddhistischen Gemeinde von seinem Auftreten abhing.

Sein Gegner war ein Eroberer aus einem fremden Land. Wäre er einfach ein militärischer und politischer Führer gewesen, dann wäre Nagasenas Aufgabe nicht so schwierig gewesen. Das Problem bestand nämlich darin, daß sein Gegenüber auch ein Intellektueller höchsten Ranges war, in der Wissenschaft und der Kultur des Westens bewandert. Also war das Treffen dieser beiden Männer in der Tat eine Konfrontation zwischen der Philosophie und Weisheit des Ostens und des Westens. Nagasenas Niederlage in der Debatte hätte nicht bloß seinen eigenen Ruf zerstört, sondern vielleicht auch den gesamten buddhistischen Glauben zum Untergang verurteilt.

Nagasena hatte ganz zweifellos vollkommenes Vertrauen in die Größe des Dharma, und dennoch bedurfte es einer gehörigen Portion Mut und Entschlossenheit, sich der Debatte zu stellen. Als er seinem Lehrer Rohana seine Entscheidung mitteilte, soll er folgendes bemerkt haben: »Laßt nicht nur König Milinda, oh Heiliger, laßt alle Könige Indiens zu mir kommen, und Fragen stellen. Ich werde alle Verwirrung klären und alle Rätsel lösen!«*

Die Texte beschreiben Nagasena, nachdem er die Hauptstadt betreten hatte, mit folgenden Worten: »Er war der Führer einer Ordensabteilung; er war der Kopf einer Schar von Schülern; er war der Lehrer einer Schule; berühmt, bekannt und hoch angesehen beim Volk. Er war gelehrt, klug, weise, scharfsinnig und fähig. Er war geschickt im Erklären, hatte bescheidene Manieren und war dennoch mutig. Er war in der Tradition wohl bewandert, Meister der drei Körbe (Pitakas)** und in vedischem Wissen gelehrt. Er verfügte über die höchste (buddhistische) Einsicht, war ein Meister aller Schulen und der verschiedenen Methoden, die helfen können, die dunkelsten Punkte zu erklären. Er wußte die neunfachen Teile der Lehre Buddhas auswendig bis zur Vollkommenheit, und er war

* *The Questions of King Milinda,* S. 23

** Pitakas sind die Abteilungen des Pali-Kanons: Vinaya-Pitaka (Korb der Ordensdisziplin), Sutta-Pitaka (Korb der Lehrreden), Abhidhamma-Pitaka (Korb der scholastischen Dogmatik). – Anm. d. Verlages gleich gebildet in der Beurteilung sowohl des Geistes als auch des Wortes der Schrift. Er war mit blitzschneller und vielfältiger Schlagfertigkeit ausgestattet. Er hatte eine reiche Sprache und war von blendender Beredtsamkeit. Es war schwer, ihm gleichzukommen und noch schwerer, ihn zu übertreffen. Es war schwer, seine Fragen zu beantworten, zu widersprechen oder ihn zu widerlegen. Er war so ruhig wie die Tiefen des Meeres, er war so fest, wie der König der Berge. Er war Sieger im Kampf gegen das Übel, er vertrieb die Dunkelheit und strahlte Licht. Sein Wort war mächtig, er verwirrte die Jünger anderer Meister und zerdrückte die Anhänger der rivalisierenden Lehren.«*

Der Text fährt in dieser Stimmung fort, in dieser typisch indischen Weise, das Lob Nagasenas aufzuhäufen bis zur Langeweile. Diese Stelle wurde höchstwahrscheinlich von einem späteren Schriftsteller hinzugefügt, um den Wert Nagasenas zu betonen. Man kann aber diese Stelle auch als die Beschreibung einer Person lesen, die der ideale Verbreiter des buddhistischen Glaubens ist. Wenn man der Schrift entnimmt, daß Nagasena am Ende die Argumente dieses berühmten Königs und Verkörperung der griechischen Welt bezwingen und ihn zum Buddhismus bekehren konnte, so mag diese Beschreibung vielleicht gar nicht so übertrieben sein.

Eine Untersuchung der Fragen des Königs und der Antworten Nagasenas zeigt, daß Nagasena tatsächlich große Gelassenheit und geistige Flexibilität an den Tag legte. Sogar jene Fragen, die fast jeden um eine Antwort verlegen machen, beantwortet er mit geschickten Vergleichen und

* *The Questions of King Milinda,* S. 34/35.

triftigen Argumenten auf bemerkenswerte Weise. So zum Beispiel geht es in der berühmten Stelle, die vom Beweis der Existenz des Buddha handelt, wie folgt:
»›Nagasena, hast Du den Buddha gesehen?‹
›Nein, mein Herr.‹
›Haben Deine Lehrer den Buddha gesehen?‹
›Nein, Herr.‹
›Dann, verehrter Nagasena, gibt es keinen Buddha.‹«*
Hier können wir uns selbst fragen, wie wir auf dieses Argument antworten würden. Unser Gegner ist ein Grieche und ein Positivist, der einen Beweis will, der auf Empirischem beruht. Wir würden uns wahrscheinlich fragen, welches Zeugnis aus der Geschichte des Buddhismus könnten wir anführen, das einen positiven Beweis der Existenz Shakyamunis darstellen würde. Nagasena verfährt aber auf eine andere Weise.
›Aber, großer König, habt ihr den Fluß Uha im Himalayagebirge gesehen?‹
›Nein, Herr.‹
›Oder hat ihn vielleicht euer Vater gesehen?‹
›Nein, Herr.‹
›Gibt es deswegen, Eure Majestät, keinen solchen Fluß?‹
›Es gibt ihn. Obwohl weder ich noch mein Vater ihn gesehen haben, gibt es ihn trotzdem.‹
›Ebenso, großer König, obwohl weder ich noch meine Lehrer den Erhabenen gesehen haben, ebenso gab es eine solche Person.‹
›Sehr gut, Nagasena!‹«**

* *The Questions of King Milinda*, S. 34–35
** *The Questions of King Milinda*, S. 109

Auf diese Weise überzeugte Nagasena König Milinda von der Existenz Shakyamunis. Der Dialog erinnert an die Wortwechsel, die man in den Zen-Schriften findet, oder er deutet auf ein bloßes Wortspiel hin. Je nachdem wie man ihn betrachtet, kann er auch als eine tiefgründige und ironische Kritik am westlichen Seinsbegriff gelesen werden. Nagasenas Methode, die Argumente des Königs zu beantworten, ist die, selbst Fragen zu stellen. Sobald sie der König beantwortet, führen sie ihn unvermeidlich, auf ganz natürliche Weise, zur Übereinstimmung mit Nagasenas Position. Dies, so scheint mir, ist ein Ausdruck wahrer orientalischer Weisheit. Mit der Zeit gestand König Milinda ein, daß Nagasena ebenso weise war wie Shariputra, einer der wichtigsten Schüler Shakyamunis, der als der weiseste bezeichnet wurde.

Der Vergleich mit dem Fluß Uha scheint sehr angebracht zu sein. Viele indische Flüsse entspringen weit entfernt im Himalaya, schwellen auf ihrem Weg hinunter an und bringen Fruchtbarkeit ins Land, bevor sie ins Meer münden. Auf dieselbe Art waren die Lehren Shakyamunis in der fernen Vergangenheit entstanden und hatten bis zur Zeit Nagasenas im ganzen Land Verbreitung gefunden und die Herzen und den Geist der Inder bereichert. Shakyamuni war bereits seit mehreren Jahrhunderten nicht mehr am Leben, doch die Tatsache, daß die Religion, die er gegründet hatte, zu solch einer Blüte gelangt war, bewies seine Existenz und seine Größe.

Westliche Gelehrte unserer Zeit haben bei Gelegenheit die Existenz Shakyamunis in Frage gestellt. Es ist keineswegs überraschend, daß Menschen in der Vergangenheit, wie etwa König Milinda, ähnliche Zweifel gehabt haben. Doch der König baute seine Erörterung auf der Voraussetzung auf, daß nur das, was mit eigenen Augen gesehen und mit eigenen Händen gegriffen werden kann, wirklich existiert. Diese Behauptung mag zuweilen als Werkzeug zur Überprüfung der Zuverlässigkeit der Ansichten anderer Leute dienlich sein, ist aber in sich selbst falsch. Es gibt viele Dinge, die, obwohl wir sie nicht sehen oder berühren können, tatsächlich vorhanden sind, und es ist nur billig, an ihre Existenz zu glauben. Nagasena zerstörte die Erkenntnistheorie König Milindas, indem er ihre Enge aufzeigte.

Wie bereits zuvor besprochen, gibt es gewisse Arten zu denken, die dem Osten geläufig, aber dem Westen nur schwer zugänglich sind. Daß diese zwei Philosophen aus Ost und West, der Mönch Nagasena und der Monarch Milinda offen und aufgeschlossen miteinander debattierten, ist sehr bedeutsam. Man wird leicht verstehen wieso Historiker aus beiden Lagern, aus Ost und West, den »Fragen des König Milinda« solch eine Bedeutung beimessen.

Das Wertvolle an diesem Werk ist, daß es diejenigen Lehren des Buddhismus enthüllt, die die Griechen am meisten interessierten und verblüffte, und daß es zeigt, wie die Buddhisten diejenigen, die keine Kenntnis davon besaßen, damit bekanntmachten. So zum Beispiel fragt der König in der folgenden Stelle Nagasena nach den Vorstellungen vom Karma, der Wiedergeburt und dem Nichtbestehen einer immerwährenden Seele:

»Der König sagte: ›Was ist es, Nagasena, das wiedergeboren wird?‹

›Name-und-Form wird wiedergeboren.‹

›Ist es dasselbe Name-und-Form das wiedergeboren wird?‹
›Nein; aber mit diesem Name-und-Form werden Taten begangen, gute oder schlechte, und durch diese Taten (dieses Karma) wird ein anderes Name-und-Form wiedergeboren.‹
›Wenn dem so wäre, Herr, würde nicht das neue Wesen von seinem schlechten Karma befreit?‹
Der Ältere antwortete: ›Ja, wenn es nicht wiedergeboren wird. Aber eben weil es wiedergeboren wird, oh König, deshalb ist es nicht von seinem schlechten Karma befreit.‹«*
Hier erklärt Nagasena, daß es keine immerwährende oder ewige Seele gibt. Dieses »Name-und-Form«, d. h. der Körper und der Geist, die eine Person für die Dauer einer Existenz bilden, ist verschieden von Körper und Geist der Person, die in einer anderen Existenz geboren wird. Nagasena hebt hervor, daß es das Karma ist – das Zusammenwirken von guten oder bösen Taten in einer Existenz – das, die produktive Kraft zur Wiedergeburt in einer anderen Existenz hervorruft.
Die buddhistische Philosophie lehrt, daß alle empfindenden Lebewesen aus den sogenannten *goon* oder »fünf Elementen« bestehen. Von diesen fünf bezieht sich eines, das *shiki* oder »Form«, auf das materielle oder fleischliche Element des Wesens. Die anderen vier, Wahrnehmung, geistiges Gestalten, Wille und Bewußtsein, beziehen sich alle auf die geistigen Elemente des Wesens. Weil diese fünf Elemente immer wieder zusammentreffen und ein menschliches Wesen in aufeinanderfolgenden Existenzen bilden,

* *The Questions of King Milinda,* S. 72/73.

deshalb gibt es im Menschen kein immerwährendes Innerstes oder eine Seele.
Wir haben gesehen, daß das Karma oder die Taten, die eine Person in einer Existenz vollbringt, das Wiederzusammentreffen der fünf Elemente bedingen und in einer darauffolgenden Existenz ein menschliches Wesen formen. Die Frage ist natürlich, wie das Sein der früheren Existenz auf das Sein der späteren bezogen ist. Untersuchen wir die Antworten, die Nagasena oben gegeben hat, dann kommen wir zu dem Schluß, daß die zwei Existenzen weder identisch noch nicht-identisch sind. Wie schon oft hervorgehoben wurde, verwendet die indische Philosophie häufig solche Konzepte, die aus scheinbar gegensätzlichen und widersprüchlichen Begriffen bestehen. Wir müssen dieses Konzept der Identität, die gleichzeitig Nichtidentität ist, verstehen, wenn wir die buddhistische Sicht von Wiedergeburt oder Weiterwanderung mit ihrer Leugnung einer ewigen Seele begreifen wollen. Natürlich müssen wir auch den Begriff des Karma verstehen, das die wirkende Kraft in diesem Prozeß darstellt.
Diese buddhistischen Lehren von der Weiterwanderung ergeben, wenn sie richtig verstanden werden, auch heute noch einen Sinn. Im Gegensatz dazu scheint die Lehre von einer ewigen Seele oder einer Substanz, die fortbesteht während dem Vorgang der Weiterwanderung, eher starr und voller Widersprüche zu sein.
Nagasena fährt fort, dem König anschaulich zu erklären auf welche Weise ein Wesen vermittels des Karma mit dem Wesen der nachfolgenden Existenz verwandt ist. Schließlich gelingt es ihm, den König von der Wahrheit der Lehre zu überzeugen. Solche Stellen zeigen die Fähigkeit des

Buddhismus, seine Lehren mit beredten und logisch zwingenden Argumenten zu stützen, ganz ähnlich denen, die in der griechischen Philosophie angewendet werden.
Nach zwei langen und tiefschürfenden Diskussionen über buddhistische Philosophie finden wir im Text folgende Beschreibung:
»Alsdann ließ der König, erfreut über die Antworten, die er auf seine Fragen bekommen hatte, Nagasena in einen bestickten Mantel kleiden, der ein Vermögen wert war, und sprach zu ihm: ›Verehrter Nagasena, ich veranlasse hiermit, daß ihr achthundert Tage euer tägliches Mahl bekommt; ihr habt die Wahl, aus dem Palast zu nehmen, was euch statthaft ist.‹ Als der Ältere mit den Worten ablehnte, er habe zum Leben genug, fügte der König hinzu: ›Ich weiß, Herr, ihr habt zum Leben genug. Doch ihr sollt euch selbst und mich schützen: euch selbst vor öffentlicher Nachrede, daß ihr mich überzeugt habt, aber nichts von mir erhalten habt; und mich vor dem Gerücht in der Öffentlichkeit, ich hätte, obwohl ich überzeugt worden bin, nichts zur Anerkennung hergegeben.‹
›Wie mein König wünscht, so soll es sein.‹«*
Nachdem sich beide getrennt hatten, und Nagasena in seine Einsiedelei zurückgekehrt war, dachten beide Männer über den Verlauf der Diskussionen nach und waren mit den Ergebnissen hochzufrieden. Beide kamen zu dem Ergebnis, der König habe gute Fragen gestellt und der Weise habe sie angemessen beantwortet. Es muß festgehalten werden, daß der König nicht wegen seiner klugen und bohrenden Art die Fragen zu stellen zufrieden war, noch

* *The Questions of Kind Milinda,* S. 134/135.

beglückwünschte sich Nagasena zu der Beredsamkeit und Feinheit, mit der er selbst die schwierigsten Nachfragen beantwortet hatte. Die Quelle der Befriedigung beider Männer lag darin, daß sie fähig gewesen waren, ihre persönlichen Gefühle und Vorurteile beiseite zu legen und sich ernsthaft auf die Suche nach der Wahrheit zu begeben. Dies lehrt uns vieles über den Sinn menschlicher Ehrlichkeit und die wahre Natur des Dialogs.

Die Debatte weiser Männer und Könige

Bevor die historischen Debatten mit König Milinda begannen, suchte Nagasena zuerst den Boden, auf dem sie stattfinden sollten zu bestimmen, wie in folgender berühmter Stelle festgehalten wird:

»Der König sagte: ›Hochwürdiger Herr, wollt ihr eine Diskussion mit mir?‹

›Wenn Eure Majestät als Gelehrter diskutiert, dann ja; wenn Ihr aber als König diskutiert, nein.‹

›Wie denn diskutieren Gelehrte?‹

›Wenn Gelehrte zusammen etwas erörtern, dann ist es ein Hinaufwinden, ein Entwirren; der eine oder andere wird eines Fehlers überführt, und er bekennt seinen Irrtum; Unterscheidungen und Gegenunterscheidungen werden getroffen; und doch sind sie dabei nicht ärgerlich. So, mein König, diskutieren Gelehrte.‹

›Und wie diskutieren Könige?‹

›Wenn ein König, Euer Majestät, eine Sache erörtert und

er einen Punkt vorträgt, dann ist er imstande, so jemand in diesem Punkt anderer Meinung ist, diesen zu bestrafen und zu sagen: ›Belegt diesen Menschen mit dieser und jener Strafe!‹ So, Eure Majestät, diskutieren Könige.‹

›Sehr gut. Ich werde als Gelehrter, nicht als König diskutieren. Euer Hochwürden rede ohne Scheu, wie mit einem Bruder oder einem Novizen oder einem Laienschüler oder sogar mit einem Diener. Habt keine Angst!‹

›Sehr wohl, Euer Majestät‹, sagte Nagasena voller Dankbarkeit.«*

Nagasena wünschte eingangs sicherzustellen, daß philosophische Position und politische Autorität klar getrennt würden. Menschen, die eine politische Macht ausüben, haben die allseits bekannte Neigung, ihre Meinung anderen mit Hilfe ihrer Autorität aufzuzwingen. Gelingt dies nicht, greifen sie zur Gewalt, um ihren Gegner zu unterwerfen. Doch kann dieser Vorgang niemals zur Entdeckung der Wahrheit führen, er kann auch nicht als wahre philosophische Debatte oder Debatte von Weisen bezeichnet werden. In der Tat ist es nicht einmal ein angemessenes Vorgehen, das eines Königs würdig ist, da eine von anderen erzwungene Zustimmung nicht vom Herzen kommt und daher wertlos ist.

Buddhistische Gelehrte haben diese Stelle oft als ein frühes Beispiel von Meinungs- und Untersuchungsfreiheit angeführt. Man glaubt allgemein, die Meinungsfreiheit sei ein Ideal der Demokratie, das erst in den letzten Jahrhunderten in Europa wirklich anerkannt wurde. Wie wir aber sehen, gab es im alten Indien bereits ein Forum des freien

* *The Questions of King Milinda,* S. 46

Gedankenaustausches. Dies ist zweifellos dem Temperament der Inder zu verdanken, mit ihrer Hingabe dem Ideal des *Dharma* oder Rechtschaffenheit gegenüber. Doch wurde diese Einstellung durch die Verbreitung des buddhistischen Denkens noch weiter gestärkt.

Der Text enthält insgesamt 262 Fragen, die von König Milinda und Nagasena debattiert wurden. Es wird berichtet, daß eine Reihe von Fragen nicht aufgezeichnet wurden und es insgesamt 304 waren.

Nagasena beantwortete jede Frage des Königs auf eine klare, treffende und vollkommen angemessene Weise. Am Ende jedes Abschnittes, der zu einer Frage gehörte, sagte der König: »Ihr habt recht. Nagasena, ich erkenne, daß es genau so ist, wie ihr es gesagt habt.« Auf diese Art wird der Leser durch die verschiedenen Gesichtspunkte des buddhistischen Glaubens geführt, bis er, ehe er sich versieht, die tiefsten und grundlegendsten Wahrheiten gemeistert hat. So dient das Buch als Einführung in den Buddhismus und wurde als solches später im Theravada-Buddhismus als Handbuch für den Unterricht der Mönche verwendet. Wahrscheinlich hatten der oder die Verfasser der Niederschrift der Debatte diese Bestimmung vor Augen.

Unter den vielen Fragen, die er behandelt, besitzt der Text eine sehr interessante Abhandlung über Bedeutung des Begriffes *shakubuku*, das ist eine der zwei Haltungen, die angenommen werden soll, wenn man predigt und anderen das Heil bringt. Während des Lesens entdeckt man die Irrtümer und Mißverständnisse König Milindas bezüglich dieses Begriffes; sie sind jenen Mißverständnissen sehr ähnlich, denen heute Menschen hinsichtlich der Verwendung dieses Begriffes durch die Soka Gakkai unterliegen.

»Der König zitiert zuerst einen Ausspruch Buddhas: ›Bestraft den, der Strafe verdient‹ und fährt dann fort: ›Strafe [*shakubuku*], Nagasena, bedeutet Abschneiden der Hände oder Füße, Prügel, bedeutet in Ketten legen, Folter, Hinrichtung und Degradierung. Ein solcher Ausspruch ist des Erhabenen nicht würdig, und er hätte ihn nicht verwenden sollen.«*

Es ist müßiger zu versuchen, dieses Mißverständnis auch nur zu beschreiben. Obwohl dieser Begriff wahrscheinlich vor zweitausend Jahren andere Vorstellungen hervorrief als heute, ist die Mißdeutung, *shakubuku* »Gewalt« bedeutet und die daraus resultierende Kritik und Verleumdung sind in Vergangenheit und Gegenwart völlig gleich.

»Nagasena fährt in seiner Antwort auf König Milindas Einwand damit fort, daß *shakubuku* hier nicht Strafen sondern Zähmen meint, daß er im Gegensatz zum Begriff *shōju,* sprich Pflegen, verwendet wird. Er fährt fort: ›Das stolze Herz, großer König, muß unterworfen werden, und das demütige Herz muß gepflegt werden; das böse Herz muß gebändigt und das gute Herz muß genährt werden; Gedankenlosigkeit muß gezähmt und Genauigkeit im Denken muß entwickelt werden; wer falsche Ansichten hat, soll gebändigt werden und wer richtige Ansichten hat, soll gefördert werden; der Nicht-Edle muß zurückgehalten werden, und der Edle muß unterstützt werden; der Räuber muß gebändigt und der ehrliche Bruder muß gefördert werden.‹«**

König Milinda erkannte schließlich, daß er sich in seinem

* *The Questions of King Milinda,* S. 254.

** *The Questions of King Milinda,* S. 255/256.

Verständnis geirrt hatte, und er bestätigte die Richtigkeit der Auslegung Nagasenas. Er war in der Tat dem Prozeß des *shakubuku* durch Nagasena unterworfen worden.

Der Schrift zufolge war der König am Ende voller Freude, und alle seine Zweifel hinsichtlich der Drei Schätze des Buddha, das Dharma und der Sangha waren gelöst. Indem er Abstand nahm von seinem persönlichen Stolz und von Hochmut erlangte er eine große Reinheit im Glauben. Er wurde ein Laiengläubiger des buddhistischen Ordens und stiftete ein Kloster mit dem Namen Milinda. Außerdem wird gesagt, er habe später in seinem Leben den Thron seinem Sohn überlassen, sei selbst ein Mönch geworden und habe mit der Zeit den Zustand eines Arhat erreicht. Dies war die Zeit, in der der Mahayana-Buddhismus, mit seiner Betonung des Laiengläubigen, dabei war, in Indien in den Vordergrund zu treten. Vielleicht findet deshalb der Geist von *shakubuku*, der aktive und angreifende Geist, der danach trachtet, neue Anhänger für den Glauben zu gewinnen, in der eben erörterten Schrift seinen Niederschlag. Sicherlich ist der Geist des Nagasena, der durch *shakubuku* einen Monarchen bekehrte, unmittelbar mit dem Geist der späteren Anhänger des Mahayana-Buddhismus verbunden. Und das Gespräch dieser zwei Philosophen aus Ost und West stellte sicherlich eine Art öffentliche Auseinandersetzung zwischen Glaubensrichtungen dar. So wird deutlich, welchen bedeutenden Einfluß der Buddhismus im 2. Jahrhundert v. Chr. auf die Welt der Griechen des Westens ausübte.

Im folgenden Kapitel möchte ich die Grundlage dieses Einflusses mit größerer Genauigkeit untersuchen und die Ausbreitung des Buddhismus südwärts nach Sri Lanka und Burma und ostwärts nach China besprechen.

Kulturaustausch zwischen Ost und West

Der Wendepunkt in den Ost-West-Beziehungen

Es geschah zur Zeit der Herrschaft Ashokas, daß der Buddhismus zum ersten Mal die Grenzen Indiens überschritt und Einfluß auf andere Kulturen auszuüben begann. Doch kommt die Ausbreitung des Buddhismus erst um die Zeit des beginnenden Christentums, ungefähr fünfhundert Jahre nach Buddhas Tod, richtig in Gang. (Natürlich haben wir, wie ich in meinem früheren Buch angeführt habe, keine Möglichkeit, das genaue Datum von Buddhas Tod festzustellen, und deshalb können wir nur Annäherungswerte angeben.)

Es gibt in diesem Zusammenhang die Theorie von drei Perioden nach dem Tod des Buddha. Nach dieser Theorie, die hauptsächlich von den Mahàyana-Buddhisten vertreten wurde, folgte dem Tod des Buddha die Periode des *Shōbō* oder des Wahren Gesetzes, dann die des *Zōhō* oder des Unechten Gesetzes, und als dritte die des *Mappō* oder Ende des Gesetzes. Wie aus den Namen ersichtlich ist, beruhte die Theorie auf der Annahme, daß das Verstehen und das Praktizieren des Dharma allmählich durch die Jahrhunderte hindurch verfallen würde, bis schließlich die Lehre ganz verschwinden würde. Es gibt verschiedene Behauptungen, wie lange die ersten zwei Perioden dauern würden, doch eine der gebräuchlichsten ist, daß die erste Periode fünfhundert Jahre dauern würde. Mit anderen Worten, fünfhundert Jahre nach Shakyamunis Tod würde ein Verfall des richtigen Verständnisses seiner Lehren einsetzen.

Wissenschaftliche Untersuchungen scheinen festzustellen, daß die ursprüngliche Theorie die Dauer der Periode des Wahren Gesetzes mit fünfzig Jahren ansetzte. Während dieser Zeit wären die Shōmon, die Jünger, die ihre Unterweisung von Buddha selbst bekommen hatten, einer nach dem anderen gestorben, der Buddhismus würde in eine vollkommen neue Ära eintreten und der Orden seine erste Krise erleben. Man nimmt an, daß Shakyamuni diese Sicht nicht als Prophezeiung, sondern als Warnung an seine Schüler gerichtet hatte: nach seinem Tod sollten sie besondere Sorgfalt darauf legen, seine Lehren den kommenden Zeiten richtig zu überliefern.

Der buddhistische Orden überstand offensichtlich die vorhergesagte erste Krisenzeit ohne größere Schwierigkeiten, weshalb man allmählich zu der Auffassung gelangte, daß die Periode des Wahren Gesetzes nicht fünfzig, sondern fünfhundert Jahre dauern würde.

Die Fragen des König Milinda sind wahrscheinlich zur Zeit des beginnenden Christentums in ihre heutige Form gebracht worden und enthalten folgende Stelle über die Zeit des Wahren Gesetzes: Der Jünger Ananda hat Shakyamuni davon überzeugt, Frauen den Eintritt in den buddhistischen Orden zu gestatten, obwohl der Buddha den Sinn dieser Entscheidung klar bezweifelte. Shakyamuni spricht sodann:

»Das gute Gesetz (Wahre Gesetz), Ananda, hätte tausend Jahre gehalten, wenn keine Frauen in den Orden zugelassen worden wären. Aber jetzt, Ananda, wird es bloß fünfhundert Jahre halten.«* Jede Frau wird heute wahrscheinlich zornig werden über eine solche Voreingenommenheit, auch wenn sie keine Anhängerin der sogenannten Frauenbefreiung ist. Aber zur Zeit Shakyamunis war dies die allgemein verbreitete Ansicht über den verderblichen Einfluß der Frauen.

Die Theorie von der fünfhundertjährigen Dauer des Wahren Gesetzes ist allem Anschein nach durch die allgemeine Gefahren- und Krisenstimmung im Orden der damaligen Zeit bestärkt worden. Die religiöse Organisation, die sich verpflichtet fühlte, die Lehren Shakyamunis in ihrer richtigen Form weiterzugeben, war in verschiedene, sich voneinander abgrenzende Gruppen zerfallen. Das Studium des *Abhidharma,* exegetischer Werke des Kanons, war so komplex und zeitaufwendig geworden, daß die Mönche sich immer mehr von der Bevölkerung isolierten. Genau dieser Zustand führte zur weiten Verbreitung der Mahayana-Bewegung mit ihrer Betonung des Laiengläubigen, rund fünfhundert Jahre nach Buddhas Tod.

Ich werde die Gründe, die zum Aufkommen der Mahayana-Bewegung geführt haben, später genauer erörtern. Bevor ich aber das Problem der drei Perioden abschließe, möchte ich bemerken, daß die japanische Version der Theorie die Japaner der späten Heian-Periode, im elfen und zwölften Jahrhundert, dazu brachte zu glauben, sie wären in die Zeit des *Mappō* eingetreten. Diese Ansicht wurde noch durch die unsicheren sozialen Verhältnisse jener Zeit bestärkt und beeinflußte nachhaltig die

* *The Questions of King Milinda,* S. 186.

Einstellung zur Religion und zum Leben. Auch in China kam die Ansicht vom Anbruch der Periode vom Ende des Gesetzes zum tragen, als das Land eine Phase sozialer Unsicherheit und sozialen Verfalls erlebte.
Im folgenden sollen die kulturellen Beziehungen Indiens mit seinen Nachbarn in der Zeit fünfhundert Jahre nach Buddhas Tod untersucht werden. Man hat gesehen, wie unter der Herrschaft Ashokas im dritten Jahrhundert v. Chr. Abgesandte in den Westen geschickt worden waren, um die Kunde vom Buddhismus zu verbreiten. Von dieser Zeit an scheint Indien einen relativ aktiven kulturellen Austausch mit diesen Staaten betrieben zu haben. Es ist von entscheidender Bedeutung, diesen kulturellen Austausch zwischen Ost und West genau zu betrachten, wenn man den Vorgang, der den Buddhismus zu einer Weltreligion gemacht hat, verstehen will.
Die Fragen des König Milinda stellen ein Beispiel dar, wie das buddhistische Denken die Welt der Griechen beeinflußt hat. Es darf aber nicht außer acht gelassen werden, daß dieser Prozeß auch in der anderen Richtung funktionierte, – daß zu bestimmten Zeiten der Westen einen großen Einfluß auf die indische Welt ausübte. Alexander der Große, um darauf zurückzukommen, fiel im vierten Jahrhundert v. Chr. in Indien ein, und die Auswirkungen dieses Ereignisses waren zu der von uns erörterten Zeit in vielen verschiedenen Lebensbereichen in Indien zu spüren. Alexander selbst blieb nur wenige Monate in Indien, aber er ließ in den westlichen Gegenden Garnisonen zurück. Griechische Herrscher verschiedenster Art kontrollierten in den folgenden zwei Jahrhunderten immer wieder Teile Indiens. Nach dem Fall der griechischen

Königreiche nahmen die Skythen, die von der hellenistischen Kultur stark beeinflußt waren, ihren Platz ein, und fuhren fort, Teile Indiens für mehrere Jahrhunderte zu beherrschen. Ein Ergebnis dieser griechischen und skythischen Invasionen war das kulturelle Aufeinandertreffen von Buddhismus und hellenistischer Welt. Eines der Zeugnisse davon ist die berühmte buddhistische Statue der Schule von Gandhara, die in Nordwest-Indien unter dem Patronat der Skythen aufblühte.

Es fällt auf, daß in der buddhistischen Kunst vor dem starken Einfluß der Hellenen Shakyamuni selbst nie abgebildet wurde. So zum Beispiel werden in einem Relief, das die Erleuchtung des Buddha darstellt, nur der Bodhi-Baum, unter dem er meditierte, und die Matte auf der er saß, als er die Erleuchtung erlangte, abgebildet. Diese zwei Objekte versinnbildlichen die Anwesenheit Shakyamunis. In der Kunst Gandharas jedoch wird Shakyamuni genauso als Skulptur abgebildet wie die Götter der Griechen und Römer. Dies ist allem Anschein nach ein Beispiel für den Einfluß des westlichen Denkens auf den indischen Geist. Es wird auch behauptet, daß der Mahayana-Buddhismus dem westlichen Denken entsprungen ist, doch wollen wir die Erörterung dieser Frage vorerst hintanstellen.

Während der hier behandelten Zeit trat eine andere große Weltreligion auf, das Christentum. Für beide, den Osten, der sich auf Indien konzentrierte, und den Westen, der das Römische Reich zur Mitte hatte, scheint es eine Zeit der Unruhe und des Überganges gewesen zu sein. In Indien wurden die griechischen Könige durch andere, fremde Eroberer abgelöst, und sowohl der Brahmanismus als auch der Buddhismus verloren ihre Lebenskraft und verknöcherten zu einem sturen Formalismus. Im Westen löste das Römische Kaiserreich die Römische Republik ab, dehnte seine Macht über die ganze Welt des Mittelmeers und noch darüber hinaus aus, und lastete schwer auf den unterjochten Völkern, besonders auf jenen in den eroberten Gebieten entlang der Grenze.

In diesen unruhigen und wechselvollen Zeiten sehnten sich die Menschen nach einem Helden, oder nach jemanden, der die Seelen erlösen würde. In Indien warteten die Menschen auf das Erscheinen des bodhisattva Maitreya, den Shakyamuni für die Zukunft vorausgesagt hatte, der die Rettung bringen sollte; im Palästina warteten die Juden sehnsüchtig auf ihren Messias. Man kann sich der Verblüffung über diese Ähnlichkeiten zwischen Ost und West nicht entziehen, die diese Haltung der Unruhe und Erwartung ausdrückt.

Es war eine Zeit geistiger Düsternis und Verzweiflung. Aber gerade in diesen dunklen Zeiten, den Zeiten des drohenden Untergangs der menschlichen Zivilisation, sehnt sich die Menschheit ganz besonders nach einer großen neuen Philosophie oder Religion. Gleichsam als Antwort darauf erscheint ein großer Denker oder religiöser Führer und leuchtet der Menschheit den Weg.

In Palästina entstand eine neue Religion, die auf den Lehren des Judaismus beruhte, aber an alle gerichtet war. Ganz ähnlich entstand in Indien die Bewegung des Mahayana. Wäre der Buddhismus auf der Entwicklungsstufe der Hinayana-Schule jener Zeit stehengeblieben, dann wäre er wahrscheinlich niemals eine der großen Weltreligionen geworden. Doch durch den Anstoß der Mahayana-Bewegung wurde er einer aktiv missionierende

Religion, die sich ostwärts nach China und Japan und auch in die westlichen Länder ausbreitete.

Buddhismus und Christentum

Die meisten vergleichenden Studien über Buddhismus und Christentum der Vergangenheit haben die Unterschiede zwischen den beiden in den Mittelpunkt gestellt, wie es zum Beispiel bei Fumio Masutani der Fall ist. Das kulturelle und geistige Klima unterschieden sich natürlich im Osten und im Westen bis zu einem gewissen Grad, und es ist deshalb nur billig, wenn dann die Religionen, die in den beiden Regionen entstanden, voneinander verschieden sind.
Allerdings ist es äußerst interessant festzuhalten, daß diese Tendenz sich neuerdings ändert. Die Gelehrten beginnen, die Gemeinsamkeiten der beiden Religionen zu betonen. Vielleicht sind die Zeiten dahin, in denen wir in den Bahnen dieses unbeugsamen und (vor)schnellen Dualismus gedacht haben. Was heute gesucht wird, ist ein Bewußtsein der Welteinheit und -ganzheit. Es ist also weit wichtiger nach den grundlegenden Ähnlichkeiten und Übereinstimmungen zu suchen, selbst wenn wir bis zu einem gewissen Grad die Unterschiede von Ost zu West erörtern. Ich muß wohl kaum hinzufügen, daß es in einer Zeit wie der unseren Unsinn wäre, über die Erörterung der Unterschiede hinauszugehen und zu versuchen, die Vormacht einer Religion über die andere festzuschreiben.
Wir dürfen nicht vergessen, daß Indien seit frühester Zeit

ein Boden der Begegnung für die Kulturen aus Ost und West gewesen ist, und Indien auch rassisch ein Völkergemisch aus beiden Gegenden darstellt. So kommt es, daß die Inder wahrscheinlich nie ein solch ausgeprägtes »Ost«-Verständnis ihrer selbst hatten, wie das bei uns Japanern üblicherweise der Fall war.

Der Kulturanthropologe Tadao Umesao betrachtet das Gebiet Westasiens von Indien bis zum Mittelmeer als »Zentralregion«, sowohl von Westen als auch von Osten verschieden. Wie man in der Erörterung der Fragen des König Milinda gesehen hat, ist dieses Zentralasien von frühester Zeit an der Schauplatz eines ständigen kulturellen Austausches gewesen, und sollte deshalb vielleicht wirklich als eigene Zentralregion betrachtet werden. Wählen wir den Standpunkt Umesaos, dann sind sowohl der Buddhismus als auch das Christentum Produkte ein und derselben Welt.

Ob wir damit einverstanden sind oder nicht, wir können nicht leugnen, daß das Christentum und der Buddhismus gleichermaßen der ganzen Menschheit eine Botschaft verkünden, wie man leben soll. Der Ursprung der meisten Religionen hat etwas mit Opfer und Anrufung von übernatürlichen Kräften zu tun, und diese Religionen stehen auch meistens in enger Verbindung mit den politischen Kontrollorganen von Stammesgesellschaften. Doch in der Entstehung des Buddhismus und des Christentums ist ein solches politisches Element nicht zu finden. Im Gegenteil, beide sind offenbar in einem Klima der Opposition gegen die politische Macht geboren. Das ist auch der Grund, weshalb sie im Verlauf ihrer Geschichte oft von den Machthabern verfolgt wurden.

Diese zwei großen Religionen stehen auf einer höheren Ebene als diejenigen, die fest an die Erfüllung von Opferriten für einen gewissen politischen Apparat gebunden sind, indem Buddhismus und Christentum auf die Schaffung von Werten für die gesamte Menschheit abzielen. Beide, Shakyamuni und Jesus, versuchten dies in ihren Lehren, und ihre Anhänger, deren Pflicht es war, diese Lehren in die Praxis umzusetzen, dachten unvermeidlich aufgrund der Natur der Lehre an einen allgemeinen Aufruf und machten sich auf, die Menschheit zu erretten.
Einige buddhistische Gelehrte haben Vermutungen angestellt, daß der Begriff der Erlösung im Christentum eigentlich von dem Ideal des Bodhisattva herkommt, dem potentiellen Buddha, der seine eigene Erlösung hintanstellt, um anderen zu helfen, so wie es sich im Mahayana-Buddhismus entwickelt hat. Man hat auch vermutet, daß Jesus mit den Essäern* Verbindung hatte, einer jüdischen etwa viertausend Kopf starken Sekte, die hundert Jahre vor Christus am Ufer des Toten Meeres ganz ähnlich den Buddhisten in Klostergemeinschaften lebte. Ursprünglich gab es natürlich in der jüdischen Religion, die die Religion des jüdischen Staates und der jüdischen Gesellschaft war, kein Bild von einem Mönch, der sich von der Gesellschaft zurückzieht, um ein Leben in Enthaltsamkeit und religiöser Versenkung zu führen. Daß dies bei den Essäern der Fall war, läßt darauf schließen, daß, obwohl

* Die Essäer (od. Essener) verwarfen Opfer- und Tempeldienst und hielten ihr Ritual streng geheim. Seit 1947 durch Funde in Qumran wurden die Ordensregel und weitere Schriften bekannt. – Anm. d. Verlages

sie üblicherweise als jüdische Sekte beschrieben werden, sie von dem buddhistischen Begriff der Sangha oder Mönchsorden beeinflußt waren.
Professor Hajime Nakamura führt eine Reihe von anderen Beispielen für einen möglichen oder wahrscheinlichen buddhistischen Einfluß des Westens an. Seinen Ausführungen gemäß hat man in Nordeuropa Überreste von buddhistischen Klöstern entdeckt und im Jahre 1954 eine kleine buddhistische Statue in Schweden gefunden. Es wurde sogar angenommen, der Buddhismus habe die britischen Inseln vor dem Christentum erreicht. Diese These stützt sich auf einen Satz Origens in seinem Kommentar zum Buch Ezechiël* aus dem Jahr 230, der lautet: »Auf jener Insel [Britanien] haben die Priester der Druiden und die Buddhisten die Lehre der Einheit Gottes schon verbreitet, weshalb die Einwohner ihm [dem Christentum] bereits geneigt sind.« Wir sind erstaunt, daß der buddhistische Einfluß sogar die Kelten auf den britischen Inseln im äußersten Westen Europas erreicht haben soll.
Auch wenn einige Mönche, die für die Verbreitung der buddhistischen Lehren über ein so großes Gebiet verantwortlich waren, zu Pferde oder zu Schiff reisten, so zweifelt dennoch niemand daran, daß die meisten zu Fuß unterwegs waren. Liest man die Geschichte von Shakyamuni oder Jesus, dann ist man überrascht, wieviel sie wanderten. Ihre Anhänger, die die Lehren weitertrugen, müssen aber

* Ezechiël (hebr. »Gott ist stark«), israelit. Prophet, wurde 597 v. Chr. nach Babylonien verbannt. Das Buch Ezechiël (oder Hesekiël) im A. T. enthält Weissagungen von der Wiederherstellung Israels und Vorschriften über die Neuordnung des israelit. Reiches – Anm. d. Verlages

noch viel weiter gegangen sein. Die buddhistischen Mönche, mit ihrer Entschlossenheit alle Menschen zu erlösen, schwärmten vom indischen Subkontinent in alle Richtungen aus und wagten sich in die verbotensten Gebiete vor. Bei dieser Begeisterung wäre es nicht verwunderlich, daß sie die Lehren des Buddhismus bis auf die Britischen Inseln gebracht hätten.

Ausgrabungen an der Stelle einer alten Stadt in Südwales haben eine große Anzahl von römischen Münzen zutage gebracht, darunter eine aus dem Reich von König Milinda. Wie wir bereits wissen, regierte König Milinda oder Menander im zweiten Jahrhundert v. Chr. in einem Gebiet in Nordwestindien. Es wäre reizvoll, die Reise der Münze von Indien in das römische Reich und dann zu seinem westlichen Vorposten in Britannien zu verfolgen. Als die Münze noch in Indien war, war sie bestimmt Zeugin der entstehenden Mahayana-Bewegung. Dann ging sie durch die Hände eines wohlhabenden Kaufmanns, einem Laiengläubigen, der viel für die finanzielle Unterstützung der Bewegung des Mahayana tat, und begann ihre Reise in den Westen. Unterwegs mag sie die Kunde vom tragischen Tod eines Erlösers in Palästina vernommen haben. Schließlich gelangte sie in die Hände eines römischen Händlers oder Soldaten, der seltene Münzen sammelte, und wurde so eine der in Wales gefundenen.

Auf jeden Fall wäre es von großer Bedeutung zu wissen, ob der Buddhismus tatsächlich Britannien um diese frühe Zeit erreicht hatte. England ist auf dem Gebiet der buddhistischen Studien in moderner Zeit sehr aktiv gewesen. Obwohl dies teilweise damit zusammenhängt, daß Indien mit seinen buddhistischen Schauplätzen und Überresten einst unter britischer Herrschaft stand, kann ich mich des Verdachts nicht erwehren, daß dies vielleicht auf eine heimliche Verbindung aus der Vergangenheit zurückzuführen ist.

Eine Reihe von großen europäischen Philosophen der letzten Jahrhunderte hat sich sehr für den Buddhismus interessiert. In einem Nachwort zu einem Werk von Kenshi Hori zitiert der Autor die Worte des großen deutschen Philosophen Schopenhauer*: »Eines Tages wird ein Bibelgelehrter, der in der indischen Religion ebenso bewandert ist, mit Hilfe sorgfältiger und genauer Untersuchungen die Verbindung der indischen Religionen zum Christentum offenlegen.« Diese Worte machten einen tiefen Eindruck auf Professor Hori, als er noch jung war, und er widmete die folgenden dreißig Jahre genau diesem Problem, diese Beziehung zu erforschen.

Die Ergebnisse dieser Forschung sind unlängst in dem Werk mit dem Titel Bukkyō to Kirisutokyō erschienen. Darin erwähnt er, daß eine französische Expedition von Archäologen 1958 in Afghanistan eine Inschrift eines Ediktes König Ashokas gefunden habe, die auf griechisch und aramäisch geschrieben war. Die Entdeckung erregte in akademischen Kreisen beträchtliches Aufsehen, und zog wegen der Verwendung des Aramäischen besonders die Aufmerksamkeit Professor Horis auf sich. Aramäisch war die allgemeine Sprache des persischen Reiches, das sich auf seinem Höhepunkt vom Industal im Osten nach Südwestasien und bis nach Nubien in Ägypten erstreckte. Es war

* Arthur Schopenhauer (1788–1860)

bekanntlich die Alltagssprache Palästinas zur Zeit Jesu. Möglicherweise hat Jesus durch solche aramäische Schriften den Buddhismus kennengelernt und ist von seinen Lehren beeinflußt worden.

Wenn wir an West- und Mittelasien und Indien denken, dann sehen wir es so vor uns, wie es heute existiert. Doch herrschten dort in den Jahrhunderten vor und nach Christus ganz andere Bedingungen. Mittelasien vor allem war damals ein Knotenpunkt für den Handel und den kulturellen Austausch von Ost und West, von Nord und Süd. Städte entlang der Karawanenstraßen dienten als Zentren für die Verbreitung von Ideen und Waren. Die berühmte Seidenstraße, die Ch'ang-an in China mit Rom im Westen verband, führte durch dieses Gebiet. Der Mongolensturm unter Dschingis Khan* verwüstete diese Gegend und überließ sie der Wildnis, so wie sie heute noch zu sehen ist. Ausgrabungen haben aber gezeigt, welche Blüte sie in alter Zeit erreicht hatte.

Das ganze Gebiet von Persien bis Mittelasien war zu der von uns betrachteten Zeit ein einziger großer kultureller Bereich, der China im Osten mit Indien im Süden und Rom im Westen verband, und war vielleicht fortschrittlicher und weltmännischer als diese selbst. Es ist also nichts Außergewöhnliches daran, wenn man annimmt, daß Leute in Palästina, am westlichen Rand dieses Kulturbereichs, Kunde von der Mahayana-Bewegung erhalten hätten, die in Nordwest-Indien, am östlichen Grenzgebiet dieser Sphäre, entstanden war. Viel überraschender wäre

* Dschingis Khan (1155 od. 1167–1227), Begründer des mongol. Weltreiches.

es, anzunehmen, es hätte sich kein solcher Kontakt ergeben.

Die Bedingungen für eine Weltreligion

In seiner Arbeit hat Professor Hajime Nakamura nicht nur den Einfluß des Buddhismus auf das Christentum, sondern auch den Einfluß des Buddhismus auf die griechische Philosophie untersucht. Nachdem Griechenland allgemein als die Mutter der westlichen Philosophie angesehen wird, können wir, nach obigen Feststellungen über den Kulturaustausch der zwei Welten, annehmen, daß die Philosophie des Westens zumindest indirekt und bis zu einem gewissen Grad von buddhistischem Einfluß berührt wurde. Wir können eingangs festhalten, daß sowohl der Buddhismus als auch die griechische Philosophie dieselben Problemstellungen haben: die wahre Natur des Lebens, des Seins und des Einzelnen.

Der Satz von Sokrates*: »Erkenne dich selbst« ist zu Recht berühmt. Aber auch Shakyamuni sagt: »Man täte gut daran, sich selbst zu erforschen und über sich selbst nachzudenken.« Die Stellen, die zur Selbsterforschung auffordern, nehmen in den buddhistischen Schriften kein Ende. »So sage ich dir, Ananda. Nimm dich selbst als Licht, als Anhaltspunkt, und verlaß dich nicht auf andere. Du sollst den Dharma als Licht benützen, den Dharma als

* Sokrates (470–399 v. Chr.), griech. Philosoph

Anhaltspunkt verwenden, und nicht dich auf Dinge stützen.« Und wieder: »Der Anhaltspunkt für das Selbst ist nichts anderes als das Selbst. Welchen anderen Anhaltspunkt sollte es sonst geben? Hat man das Selbst einmal gemeistert, dann hat man einen Anhaltspunkt gewonnen, der schwer zu erlangen ist.«

Grob gesprochen entstehen die Religion und die Philosophie aus dem menschlichen Nachdenken über die Natur der Welt und der menschlichen Existenz, aus dem Bewußtsein des Menschen über seine menschliche Identität. Der Begriff der Erbsünde im Christentum und der buddhistische Lebensweg zur Befreiung vom Übel des menschlichen Verlangens sind beide Ausdruck des unendlichen Verlangens des Menschen nach Erlösung. Sie stehen in enger Verbindung mit den menschlichen Idealen und der Suche nach einem allgemeingültigen Lebensweg.

Es mag vielleicht übertrieben anmuten, aber ich glaube nicht, daß irgendeine Änderung des Gesellschaftssystems oder der Gesellschaftsform die Welt verbessert, außer der Mensch selbst, der Schöpfer und Handhaber dieser Gesellschaftssysteme, ändert sich in irgendeiner Weise. Religion und Philosophie meinen, daß zuerst eine Reform der inneren Natur des Menschen notwendig ist, ehe man an eine Reform der gesellschaftlichen Einrichtungen denken kann. Sie meinen also, daß es ohne menschliche Revolution keine gesellschaftliche Revolution geben kann.

Wenn wir die Geschichte der revolutionären Bewegungen der Weltgeschichte betrachten, dann wird klar, daß diejenigen Revolutionen, denen eine grundlegende Veränderung des Bewußtseins der Bevölkerung voranging, die tiefgehendsten und weitreichendsten gewesen sind. Im

Gegensatz dazu haben die, die der Bevölkerung mit Waffengewalt aufgezwungen worden sind und zahlreiche Opfer gefordert haben, viel Leid gebracht, und dennoch waren sie in ihren Auswirkungen verhältnismäßig kurzlebig. Deshalb sollten wir dem Buddhismus und dem Christentum, die mehr als zweitausend Jahre hindurch unzähligen Menschen in Ost und West eine Stütze geboten haben, und die ihnen die Ideale ihres Lebens gezeigt haben, eine besondere Beachtung schenken.

Lafcadio Hearn vertritt in seinem Werk »Literary Criticism East and West« die Ansicht, daß die meisten Legenden und Fabeln der Alten Welt auf buddhistische Wurzeln zurückgeführt werden können. Tatsächlich haben Studien zur zeitgenössischen Volkskunst den Beweis erbracht, daß einige Märchen des Westens aus buddhistischen und indischen Quellen stammen. Überdies hat, wie oft unterstrichen wurde, das berühmte biblische Gleichnis des verschwenderischen Sohnes eine nahezu identische Parallele im Lotus-Sutra. Solche Parallelen legen nahe, daß es eine Verbindung zwischen Buddhismus und Christentum gegeben haben muß.

Selbst wenn es keine direkten Kontakte gegeben hätte, können wir ohne weiteres zu folgender Annahme kommen: Immer wenn Menschen sich ernsthaft auf die Suche nach der wahren Natur des menschlichen Lebens machten, kommen sie zwangsläufig zu einigen gemeinsamen Ergebnissen, auch wenn ihre Methoden und Annäherungsweisen sich voneinander unterscheiden. Die Entwicklung des Buddhismus und des Christentums zu Weltreligionen ist für mich ein Zeichen, daß sie sich im Besitz von allgemeinen Wahrheiten befinden. Ihre Art, das menschliche

Wesen und die Erscheinungswelt zu ergründen, macht sie fähig, Millionen von Menschen von dem Wert ihrer Lehren zu überzeugen. Und es ist diese Fähigkeit, die sie zu Weltreligionen gemacht hat.
Die Philosophie des Westens, und das Christentum im besonderen, haben sich lange Zeit hindurch mit der Erörterung solch schwieriger Begriffe beschäftigt, wie der Unsterblichkeit oder dem Beweis der Existenz Gottes. In einer ähnlichen Weise haben die buddhistischen Begriffe von Wiedergeburt, Karma, und bedingtem Entstehen zu einer intensiven philosophischen Betrachtung geführt. Wenn diese zwei Religionen nicht entstanden wären, und die Menschheit nicht zur philosophischen Debatte und Spekulation herausgefordert hätten, dann wäre die Geistesgeschichte der Menschheit um einiges ärmer.
Professor Nakamura hat drei Faktoren hervorgehoben, die nach seiner Auffassung aus dem Buddhismus und dem Christentum Weltreligionen gemacht haben. Erstens bekämpften sie bewußt den Beschwörungskult und andere magische Vorstellungen und Praktiken der primitiveren Religionen. Zweitens lehnten sie die Opferrituale ab, die von den etablierten Religionen unterstützt wurden. Sogar ihre Methoden der Ablehnung waren ähnlich, die Buddhisten verglichen die Brahmanen mit Blinden, und das Christentum verwendete dasselbe Bild für die Entlarvung der Pharisäer*. Drittens gingen sie beide über die engen

* Pharisäer (aus dem Aramäischen: »die Abgesonderten«), religiöse Laienorganisation im Judentum. Blütezeit unter König Herodes I. (40/37–4 v. Chr.). Jesus verurteilte nicht die Lehre der Pharisäer, sondern ihr Nicht-Handeln: »Denn sie reden nur, tun selbst aber nicht, was sie

Grenzen von Rasse, Klasse und Nationalität hinaus. Der Buddhismus beharrte auf der Gleichheit aller vier herkömmlichen Klassen der indischen Gesellschaft, das Christentum verwarf eine Unterscheidung von Juden und Heiden.

Wir haben die ersten beiden Punkte oben behandelt. Der dritte Punkt, die Überwindung der nationalen und rassischen Unterschiede, ist natürlich eine Voraussetzung für eine Religion, die sich über den lokalen Rahmen hinaus ausbreiten will. Diese Bedingung befähigte den Buddhismus nach China im Osten, nach Südostasien und in die Welt des Hellenismus nach Westen zu dringen, und war bereits als Grundbedingung vor zweitausend Jahren vorhanden, wie aus der folgenden Stelle der Fragen des König Milinda ersichtlich wird: »Ist er tugendhaft und achtsam, ob im Land der Skyther oder im Land der Griechen, in China oder im Tartarenland, ob in Alexandrien oder in Nikumba, ob in Benares oder in Kosala, in Kaschmir oder in Gandhara, ob auf der Bergesspitze oder im höchsten Himmel ist, wo immer er auch sein mag, der Mann, der sein Leben richtig ordnet, wird das Nirvana erreichen«.*

Im Gegensatz zum Brahmanentum, das fest auf der herkömmlichen Vierklassenteilung der indischen Gesellschaft beruhte, zeigte sich der Buddhismus von Anfang an über die Klassenunterschiede und die nationalen Unterschiede erhaben, und war deshalb imstande sich zu einer Weltreli-

sagen« (Mt. 23,3). Im N. T. erscheint der Pharisäer durchweg als Heuchler. – Anm. d. Verlages

* *The Questions of King Milinda,* S. 203/204.

gion zu erheben. Übrigens suchte er keine rein formelle Ablehnung der Klassen-, Rassen- oder Nationalitäten-Schranken; genauer mußte es nämlich heißen, daß er die Notwendigkeit hatte, all diese Unterscheidung sowohl geistig als auch tatsächlich zu überwinden, da letztendlich das Ziel und der Kern der Lehre im Predigen der Gleichheit und Würde aller Menschen und in der Verwirklichung dieses Prinzips liegen.

Wie die Geschichte bewiesen hat, hat das Licht, welches aus den tiefen Einsichten des Buddha entsprungen ist, sich als fähig erwiesen, weit über die Grenzen irgendeiner besonderen Nation oder Rasse zu leuchten und das Leben der Menschen zu erhellen und mit Hoffnung zu füllen. Dies geschah nicht deswegen, weil die Botschaft des Buddhismus von den Frauen und Männern einer Nation und einer Rasse an eine andere weitergereicht wurde, sondern eher deshalb, weil der Buddhismus über Allgemeinwahrheiten verfügt, die nationenüberschreitend allerorts in den Menschen die Überzeugung wachrufen, daß diese Religion genau auf ihre Bedürfnisse und Sehnsüchte zugeschnitten ist.

Es ist diese erhabene Weisheit, diese Tiefe und Breite ihrer Lehre, und dieses beständige Verwerfen von Klassenunterschieden und engen rassischen und nationalen Konzepten, das den Buddhismus und das Christentum zu Weltreligionen macht. Wenn wir beurteilen, welche Macht und welche Wirkung diese Religionen haben, den gegenwärtigen Gesellschaftsrahmen zu ändern, dann sind diese Eigenschaften ganz wesentlich, anders als oberflächliche Überlegungen über religiöse Praxis oder Dogma.

Der Aufschwung des Mahayana-Buddhismus

Gundlagen der Mahayana-Bewegung

Ich habe bereits verschiedentlich den Aufstieg der Mahayana-Bewegung erwähnt, der rund fünfhundert Jahre nach dem Tod Buddhas begann. Da es an zuverlässigen Quellen mangelt, die ein klares Bild über das wie und warum des Entstehens dieser Bewegung geben würden, werden hier viele Vermutungen angestellt. Ich möchte den Versuch wagen, die verschiedenen Theorien, die über die Herkunft geäußert wurden, zu sichten und die Bedeutung des Mahayana-Buddhismus in der Geschichte des Buddhismus insgesamt zu ergründen.

Die Untersuchung ist von großer Bedeutung, da ohne Mahayana-Bewegung der Buddhismus wohl kaum seinen Weg nach China, Korea und Japan gefunden hätte. Wie zuvor gesehen, war die Theravada-Schule des Buddhismus im wesentlichen ein Klosterorden, der sich von der gewöhnlichen Gesellschaft zurückzog, damit er seine strenge Disziplin ausüben konnte.

Einer religiösen Organisation dieser Art mangelt es natürlich an missionarischem Geist und für gewöhnliche Mitglieder der Gesellschaft ist es kaum möglich, daran teilzunehmen.

Außerdem neigen Chinesen und Japaner im Gegensatz zu den Indern zu einer mehr praktischen und nüchternen Betrachtungsweise, und es ist unwahrscheinlich, daß sie an dem Gedankengut des Hinayana mit seinen trockenen psychologischen und metaphysischen Abhandlungen Gefallen gefunden hätten. Selbst wenn der Hinayana-Buddhismus in diese Länder eingeführt worden wäre, hätten sich wahrscheinlich nur kleine Teile der Bevölkerung dafür interessiert, und er wäre sicherlich schon lange ausgestorben. Wir sprechen gewöhnlich von China, Korea und Japan als Ländern, die »für den Mahayana bestimmt« waren. Vielleicht scheint diese Aussage zu deterministisch. Tatsächlich aber ist es offensichtlich, daß sie buddhistisch wurden, weil der Mahayana-Buddhismus und nicht der Hinayana-Buddhismus dort hingebracht wurde.

Auch in Indien begann der Brahmanismus seit dieser Zeit, obwohl der Buddhismus unter der Herrschaft König Ashokas im dritten Jahrhundert v. Chr. aufgeblüht war, wieder an Boden zu gewinnen, während für den Buddhismus ein stetiger Niedergang einsetzte. Während der Brahmanismus nämlich vollkommen in die indische Gesellschaft integriert war, zeigte der Buddhismus immer mehr die Tendenz, sich von der Bevölkerung zurückzuziehen und zu isolieren. Zugleich war er vom Geist des Sektierertums befallen, der Spaltungen in der religiösen Organisation hervorrief und die verschiedenen Schulen oder Sekten des Buddhismus voneinander trennte.

Ein Blick auf die Geschichte jener Zeit lehrt uns, daß die Dynastie der Maurya, deren hervorragender Herrscher Ashoka gewesen war, gegen 180 v. Chr. zu Ende ging. In Westindien trat die Dynastie der Shunga an ihre Stelle, die von einem brahmanischen Heerführer gegründet worden war und die den Brahmanismus zur offiziellen Staatsreligion erhob. Kurze Zeit später, ungefähr in der Mitte des ersten Jahrhunderts v. Chr., erschien in Südost-Indien, im Gebiet von Kalinga, der Eroberer König Kharavela, der ein begeisterter Anhänger des Jainismus war. Folglich war der Buddhismus für eine beträchtliche Zeit seiner Unterstützung beraubt, ja sogar direkt der Verfolgung preisgegeben. Während dieser Zeit, – es ist traurig, dies sagen zu müssen – setzte sich die Uneinigkeit fort, und der Buddhismus zerfiel in achtzehn bis zwanzig verschiedene Sekten, die in einem fort miteinander stritten.

Nichts ist gefährlicher für eine Organisation, als das Säen innerer Unstimmigkeiten, die die Gruppe zerrüttet. Dies trifft besonders auf Gruppen zu, die auf gewissen philosophischen oder ideologischen Prinzipien beruhen, da ein innerer Streit, eine Fraktionsbildung, gewöhnlich eine Zerstörung der Prinzipien der Gruppe zur Folge hat. Dies geschieht, weil die Mitglieder der Organisation mit der Auseinandersetzung um die Vorherrschaft und der Bekämpfung der rivalisierenden Fraktionen so beschäftigt sind, daß die ideologischen Prinzipien in Vergessenheit geraten, sie innerhalb der Gruppe nicht mehr wirksam sein können und noch viel weniger außerhalb eine ordnungsgemäße Verbreitung erfahren. Es ist besonders bedauernswert, verfolgen zu müssen, wie der Buddhismus dem Sektierertum, das dem Egoismus seiner Anhänger zuzuschreiben ist, zum Opfer fällt, wo doch eines seiner Hauptziele darin liegt, Licht auf die innere Natur des Menschen zu werfen und ihm zu helfen, den Dämon des Egoismus, der in ihm lebt, zu überwinden.

Die Bewegung des Mahayana, die in vielen Gegenden des damaligen Indien aufkam, kann in einem gewissen Sinn als ein Versuch gesehen werden, die Religion zu reformieren und den Hader und den Zwist zu bekämpfen, der den buddhistischen Orden in seiner traditionellen Form befallen hatte. Es war das buddhistische Gegenstück zur Reformation in Europa, eine Bewegung, die die Lebenskraft des Glaubens wiederherstellen sollte. Die Tatsache, daß der buddhistische Orden politischer Feindschaft und offener Verfolgung ausgesetzt war, stärkte nur das Bewußtsein der Mahayana-Bewegung und ihre Entschlossenheit, für ihren Glauben zu kämpfen.

Die Frage, wie man dem politischen Druck begegnen solle, stand bei den Buddhisten jener Zeit an erster Stelle. Ich glaube, wir können hier einen kleinen Unterschied feststellen, in der Art wie die Hinayana- und wie die Mahayana-Schulen auf diesen Druck reagierten.

Wie bereits gezeigt wurde, nannten die Mahayana-Buddhisten die Therevada-Schule mit Vorliebe Hinayana oder das kleine Gefährt, ein Begriff, der sicherlich abwertend sein sollte. Ein Grund für ihre Mißbilligung war meiner Ansicht nach die unpolitische Haltung der Theravada. Grob gesprochen kann man sagen,seine Anhänger entzogen sich der Wirklichkeit und flüchteten in die Abgeschiedenheit des klösterlichen Lebens. Deshalb ließ sich ihre politische Einstellung nur vage charakterisieren und auch ihre Haltung zum Brahmanismus, der inzwischen zur Staatsreligion geworden war, war mehr oder weniger versöhnlich.

Die Buddhisten der Mahayana-Schule hingegen setzten sich mit den Brahmanen aktiv auseinander und stellten sich tatkräftig gegen sie. Sie sahen im Buddhismus einen Glauben, der in der ganzen Gesellschaft verbreitet und nicht bloß von Mönchen im Kloster praktiziert werden sollte. Verschiedene Sutren und Abhandlungen der Mahayana-Schule beschreiben den idealen König und die Art wie er seine Macht ausüben soll. Sie zögern auch nicht, auf der Grundlage der Ideale des Buddhismus, wie sie im Dharma verkörpert sind, politische Stellungnahmen abzugeben. Der politische Druck, der auf sie einwirkte, war konsequenterweise größer, und dennoch zeigten sie in ihrer Einstellung klar, daß sie die Kraft und die Entschlossenheit hatten, diesen Druck zu bekämpfen und die bestehende Sozialordnung herauszufordern. Hier liegt, so würde ich sagen, einer der Unterschiede zwischen der Mahayana- und der Hinayana-Schule.

Auch wenn die Unzufriedenheit mit der unpolitischen Einstellung der Hinayanisten zur Entstehung der Mahayana-Schule gehörte, ist das Problem der richtigen Beziehung zwischen Politik und Religion so komplex, daß es nicht in wenigen Worten abgehandelt werden kann. Ohne Zweifel hatten die Theravadin und andere Sekten des traditionellen Buddhismus Gründe genug, sich von der Politik fernzuhalten. Sie sahen in der Bewahrung und Überlieferung der orthodoxen Lehren des Buddhismus an die Nachwelt ihre wichtigste Aufgabe. Wahrscheinlich hatten sie Angst, daß eine Stellungnahme in der Politik eine Einmischung und Unterdrückung solchen Ausmaßes hervorrufen würde, daß dadurch die Verwirklichung ihres Zieles gefährdet gewesen wäre.

Wir dürfen nicht vergessen, daß Shakyamuni selbst als ein Sproß der Kshatriya, der herrschenden Klasse also, auf die Welt kam, als ältester Sohn des Königs des Shakya-Staates und logischer Thronfolger. Trotzdem verzichtete er auf sein Geburtsrecht und zog als wandernder Bettler in die

Welt hinaus, um ein höheres Ziel zu erreichen. Er wandte sich entschieden von einer politischen Karriere ab, um lernen zu können, ein geistiger Führer zu werden und die universellen Wahrheiten des Menschenlebens meistern zu können. Das war die Haltung, die er einnahm, die Aufgabe, die er sich setzte, eine, die die ewige Zukunft der ganzen Menschheit betraf.

Um Mißverständnissen vorzubeugen, möchte ich hier einen Punkt klären. Auch wenn ich der Meinung bin, daß Politik und Religion auf ganz verschiedenen Ebenen liegen, sage ich damit keineswegs, daß es für einen religiösen Menschen deshalb angebracht oder überhaupt zulässig ist, sich den politischen und sozialen Belangen zu entziehen. Nachdem Shakyamuni unter dem Bodhi-Baum die Erleuchtung erlangt hatte, blieb er nicht alleine, um sich an den neugefundenen Wahrheiten zu weiden. Stattdessen begab er sich auf eine Reise, um den Dharma zu predigen und zu verbreiten, um seine Erleuchtung und seine Weisheit mit allen Männern und Frauen überall zu teilen.

Das Bestreben der Theravadin und anderer früher buddhistischer Sekten hob sich davon deutlich ab. Die Mönche dieser Sekten entsagten praktisch jeder weltlichen Macht und Autorität, schlossen sich zunehmend in den Wäldern und auf den Hügeln ab und widmeten all ihre Aufmerksamkeit dem Studium des *Abhidharma.* Indem sie dies taten, scheinen sie nur ihr eigenes geistiges Heil im Auge gehabt zu haben und nicht die Hilfe für das Weiterkommen der anderen durch Predigen und das Anbieten von Führung. Hier unterschieden sich die Anhänger der Mahayana-Bewegung wiederum von den älteren Sekten, indem sie darauf bestanden, daß es nicht nur notwendig sei, für sein eigenes religiöses Heil zu arbeiten, sondern zugleich auch die Lehren so weit als möglich unter den Massen zu verbreiten, die drohen, in Elend und Täuschung zu versinken. Dies, so bekräftigten sie, entspräche dem wahren Geist Shakyamunis. Das Ziel des Hinayana-Buddhismus war die Erlangung des Zustands eines arhats oder Heiligen. Das Ziel des Mahayana-Buddhismus war das Erreichen des Zustands eines bodhisattva, eines Erleuchteten, der gelobt, anderen zur Befreiung zu verhelfen.

Bei der Lektüre der Mahayana-Schriften ist man ständig überrascht von dem Ausmaß, in dem sie die Gesellschaft herausfordern. Wir werden diesen Punkt noch ausführlicher behandeln, wenn wir das Vimalakirti-Sutra erörtern, die von dem berühmten Laiengläubigen Vimalakirti handelt und beschreibt, welche überaus tätige Rolle dieser in der Gesellschaft seiner Zeit gespielt hat. Aufgrund dieser Tatsache sind die Gelehrten zu dem Schluß gekommen, daß der Hinayana-Buddhismus auf die klösterliche Gemeinschaft bezogen war, während der Mahayana-Buddhismus unter den Laiengläubigen jener Zeit entstanden war.

Dies scheint mir einleuchtend genug, doch denke ich, sollten wir den Mahayana-Buddhismus nicht um jeden Preis als eine Bewegung der Laien alleine betrachten. Bedenken wir doch, daß die Mönche im Indien der damaligen Zeit in sehr hohem Ansehen standen. Es ist also unwahrscheinlich, daß die Laien ganz auf sich allein gestellt, ohne jede Unterstützung oder Billigung seitens der Mönche vorgegangen sind. Außerdem zeigen die Lehren des Mahayana so viel Stolz und Komplexität, die den Einfluß eines Berufstheologen oder Philosophen verraten.

Meine Vermutung ist, daß gewisse ungewöhnlich scharfsinnige und erleuchtete Mitglieder der Klostergemeinschaft, die mit der Einstellung und der Praxis des Hinayana-Buddhismus unzufrieden waren, sich zu den beseelteren und vorstellungskräftigeren Führern der Laien gesellten, um gemeinsam eine Reform zu wagen.
Der berühmte mönchische Dichter Ashvagosha und der Philosoph Nagarjuna sind Beispiele von hervorragenden Mönchen, die als Anhänger des Hinayana begannen und später zum Mahayana überwechselten. Ashvagosha, der im ersten oder zweiten Jahrhundert n. Chr. lebte und schrieb, erhielt seine ursprüngliche Unterweisung und Ausbildung in der Schule der Sarvastivada, einem der wichtigen Zweige des Hinayana, wurde jedoch zu guter letzt ein Jünger des Mahayana. Ganz ähnlich verhält es sich mit Nagarjuna, der im zweiten oder dritten Jahrhundert n. Chr. lebte, und mit dem Philosophen aus dem fünften Jahrhundert Vasubandhu: beide begannen ihre Laufbahn als Hinayana-Mönche und wechselten später zur Mahayana-Schule. Nun gehören diese beiden aber der Periode an, in welcher die Mahayana-Bewegung ihr riesiges Lehrgebäude entwickelte und systematisierte.
Es kann keinen Zweifel geben, daß in der Anfangsphase die Laiengläubigen oder wenigstens einige außerordentliche unter ihnen, wie etwa Vimalakirti, eine Schlüsselrolle in der Entwicklung gespielt haben.
Gelehrte vermuten einen Zusammenhang zwischen dem Aufkommen der Mahayana-Bewegung und der Leidenschaft für den Bau von Stupas, die damals die Laien erfaßte. Ab dem dritten Jahrhundert v. Chr. bis zum dritten Jahrhundert n. Chr. befand sich Indien in einer

Zeit wirtschaftlicher Blüte. Unter den wohlhabenden Mitgliedern der Laiengemeinde der Buddhisten wurde es Sitte als Ausdruck des Glaubens Stupas oder große Erdwälle zur Erinnerung an den Tod des Buddha zu bauen.
Nach dem Hinscheiden des Buddha wuchs vor allem unter den Laien die Tendenz, ihn zu vergöttlichen, wie man an den zweiunddreißig außerordentlichen Merkmalen und achtzig physischen Kennzeichen sehen kann, die man ihm zuordnete. Dieses Thema habe ich in meinem früheren Buch behandelt. Dieses Bestreben spiegelte sich im Bau von Stupas im ganzen Land wider, die zum Teil Reliquien von Buddha oder von großen Mönchen enthielten und zum Mittelpunkt von religiösen Feiern wurden. Diese Praktiken unterschieden sich von denen der Theravadin und den davon abstammenden Sekten, weshalb man vermutet, daß sie ein Zeugnis der frühen Mahayana-Bewegung sind. Die Annahme geht dahin, daß die Stupas mit der Zeit auch Wohnung für die sie pflegenden Mönche wurden, und daß diese Mönche den Anfang des Mahayana-Ordens darstellten.
Wie aus der obigen Rückschau ersichtlich wird, gab es verschiedene, miteinander verwandte Ursachen, die im Laufe der Zeit zur Entstehung der Mahayana-Bewegung geführt zu haben scheinen. Wir haben es jedoch mit Ereignissen zu tun, die zweitausend und mehr Jahre zurückliegen, über die nur äußerst spärliche Dokumente bestehen. Wir können daher nicht hoffen – bei unserem gegenwärtigen Wissensstand zumindest –, die entscheidenden Tatsachen erfolgreich zu bestimmen, oder auch bloß ihre gegenseitige Verwandtschaft zu ergründen. Was wir von alledem aber jedenfalls behalten sollten ist – und

dies ist eine unbestreitbare historische Tatsache –, daß die Mahayana-Bewegung zu jener Zeit entstanden ist und über kurz oder lang den Hinayana an Popularität und Einfluß übertraf.

Unterschiede zwischen den Schulen des Mahayana und des Hinayana

Ich möchte zunächst einige von den Punkten behandeln, die im allgemeinen angeführt werden, um die Schulen des Mahayana und des Hinayana voneinander zu unterscheiden. Ich hoffe, daß ich dadurch das Rätsel vom Ursprung der Mahayana-Bewegung etwas mehr ans Licht bringe, als ich es im vorangegangenen Abschnitt getan habe.

Die Gelehrten haben bereits eine ganze Reihe von Punkten herausgearbeitet, in denen sich die zwei Schulen des Buddhismus voneinander unterscheiden. Ich möchte hier von Dr. Hiromoto Mizuno seine Liste von sechs Punkten zur Unterscheidung der Hinayana- oder *Abhidharma*-Schule von der Mahayana-Schule in ihrer Anfangsperiode benutzen und sie zur Grundlage meiner Untersuchung machen.

Der erste Punkt der Unterscheidung, den ich bereits früher erwähnt habe, ist das Ziel des Hinayana: die Erlangung des Zustandes eines arhat oder Heiligen, das Ziel, das über den Weg des sogenannten *shōmon* oder *shravaka* erreicht wird, der Jünger, der die Lehren des Buddha entweder selbst hört oder der gewissenhaft die Vier edlen Wahrheiten und den Achtfachen Pfad befolgt. Im Gegensatz dazu ist das Ziel des Mahayana die Verwirklichung der Buddhaschaft, ein Ziel, das durch die Befolgung der Übungen eines Bodhisattva erreicht wird. Aber sehen wir uns einmal genau an, was dies bedeutet im Hinblick auf die Ideale und auf den Lebensweg.

Die Mönche des Hinayana sahen alle den Buddha auf einer unvergleichbar höheren Stufe als sich selbst, eine Stufe, die sie zu erreichen nicht einmal zu hoffen wagten. Also richteten sie ihre Kräfte auf die Erreichung des verhältnismäßig weniger hohen Zieles eines arhat, des »vollkommenen Wesens«. Diese Sicht scheint für den buddhistischen Orden in seiner frühesten Zeit charakteristisch gewesen zu sein. Deshalb richteten die Mönche alle ihre Anstrengungen auf die Übung der Vier edlen Wahrheiten und des Achtfachen Pfades, den grundlegenden philosophischen und ethischen Sätzen des Buddhismus, wie sie von Shakyamuni kurz nach seiner Erleuchtung gepredigt wurden.

Aber sogar die Stufe des arhat galt allgemein als sehr schwer erreichbar. Wie angestrengt man sich auch den religiösen Übungen hingab, die Möglichkeit innerhalb eines Lebens ein wirklicher Heiliger zu werden, war höchst gering. Der Mensch ist ein Geschöpf des Verlangens, und auch der Frömmste unterliegt ständig der Gefahr der Versuchung.

Auf Grund dieser Ansicht begrenzten die Mitglieder der Hinayana-Sekten ihr Leben mit einer großen Anzahl von Regeln und Vorschriften, bis ihre ganze Aufmerksamkeit von der monastischen Disziplin in Anspruch genommen war, und das ursprüngliche Ziel des Buddhismus, die Befreiung aller Menschen, aus den Augen verloren wurde.

Überdies, obwohl das Ziel dieser Sekten die Erlangung der Stufe des arhat war, gab es nach dem Hinscheiden Buddhas keinen gesicherten Weg zu bestimmen, wer eigentlich dieses Ziel erreicht hatte. Eine Kontroverse über die genaue Natur des arhat entstand, und über die Beweise für die Arhatschaft, wie sie etwa in den »Fünf Tatsachen« über den arhat vorkamen, die von dem Mönch Mahadeva der Mahasanghika-Schule vorgetragen worden waren.

Im Gegensatz dazu kündigten die Mahayana-Jünger an, sie würden, ohne sich um die Stufe der Arhatschaft zu kümmern, ihren Blick auf nicht weniger als die Erlangung der Buddhaschaft richten. Schließlich, so dachten sie, war ja Shakyamuni nicht der einzige Buddha gewesen. So lange ein Mensch die Übungen eines bodhisattva ausführte, so wie sie Shakyamuni ausgeführt hatte, bevor er die Erleuchtung erlangte, war er auch imstande, die Erleuchtung zu erlangen. Im buddhistischen Orden, so wie er in den Jahrhunderten unmittelbar nach dem Tod des Buddha bestand, war dies eine erstaunliche und revolutionäre Denkweise.

Was sind die Übungen eines bodhisattva, die einen zur Erleuchtung bringen? Sie werden allgemein mit den Sechs *paramitas* angegeben, Handlungen, die der Erleuchtung förderlich sind: Freigiebigkeit, Einhalten der Gelübde, Ausdauer, Anstrengung, Meditation und Weisheit. Die wichtigste von diesen ist *dana,* die Freigiebigkeit, auf japanisch *fuse.* Doch hat der Begriff hier noch nicht die Bedeutung angenommen, die er später allgemein haben sollte, nämlich das Geben von Geld oder anderen Spenden an die Mitglieder des buddhistischen Ordens. Die Bedeutung ist fast das Gegenteil, nämlich eine Gabe des bodhisattva an die leidenden Massen der Menschheit in Form des Dharma. Tatsächlich geht der bodhisattva unter die Menschen, um die Wahrheiten der buddhistischen Religion zu verbreiten, indem er die Methoden von *shakubuku* oder *shōju* anwendet, je nachdem welche der Lage angepaßt sind. Es ist wichtig, die Bedeutung des Wortes Freigiebigkeit in diesem Zusammenhang zu verstehen, da man sonst den bodhisattva als eine Person sehen könnte, die über die sechs *paramitas* spricht, während sie in Wahrheit doch nur daran denkt, aus den Laiengläubigen Spenden herauszupressen.

Wenn wir schon bei der Terminologie sind, dann wollen wir die genaue Bedeutung des Wortes *bodhisattva* untersuchen. Der Philosoph Nagarjuna umschreibt es in seinem *Mahaprajna-paramitopadesha* oder *Daichido-ron* auf folgende Weise: »Weil der bodhisattva in seinem Herzen sich selbst und anderen nützt; weil er alle fühlenden Wesen rettet; weil er die wahre Natur der unzähligen Dharmas versteht; weil er den Weg der vollkommenen Erleuchtung geht; und weil er von allen Heiligen und Weisen gelobt wird; deshalb wird er ›bodhisattva‹ genannt.«

Das Sanskritwort *bodhisattva* ist als *bodaisatta* in das Japanische aufgenommen worden und wird allgemein mit *bosatsu* abgekürzt. An anderer Stelle des *Mahaprajna-paramitopadesha* wird folgende einfache und klare Definition gegeben: »Jemand, der den Weg des Buddha sucht, um alle fühlenden Wesen von Geburt, Alter, und Tod zu befreien, wird ein bodhisattva genannt.«

An den Definitionen ist bemerkenswert, daß der bodhisattva nicht bloß danach strebt, sich alleine zu nützen. Vielmehr sucht er den Weg des Buddha, um fähig zu sein, alle fühlenden Wesen zu retten. In dieser Hinsicht unterscheidet er sich wesentlich von den Hinayana-Idealen des *shōmon* oder *shravaka* und des *engaku* oder *pratyeka-buddha*, beides Wesen, die ausschließlich an ihrem eigenen Nutzen und ihrer eigenen Rettung interessiert sind.

Das *Mahaprajna-paramitopadesha* fährt fort, die Eigenschaften des Bodhisattva zu bestimmen: »Er legt das große Gelübde ab, er läßt sein Herz nicht erschüttern und er schwankt niemals in seiner religiösen Übung. Auf Grund dieser drei Tatsachen wird er ein bodhisattva genannt.«

Das große Gelübde, das der bodhisattva ablegt, besagt, daß er alle fühlenden Wesen befreien will. Das Ablegen dieses Gelübdes zusammen mit der Unerschütterlichkeit und der entschlossenen Durchführung der religiösen Übungen ergibt die drei Bedingungen, die notwendig sind, um als bodhisattva zu gelten.

Nun folgt der zweite Punkt, der laut Dr. Mizuno das *Abhidharma* oder Hinayana von dem frühen Mahayana-Buddhismus unterscheidet. Er definiert ihn als Unterschied zwischen der Betonung des karmischen Gesetzes im Hinayana und des *gangyō* oder »Gelübde und Übung« im Mahayana. Ersteres ist eine negative Haltung, die dem Leiden, das durch Karma und Wiedergeburt aufgezwungen wird, durch die Flucht in ein anderes Reich zu entkommen sucht. Letzteres ist eine positive Haltung, die die Erfahrung des Leidens sucht, um das Gelübde und die Übung des bodhisattva zu erfüllen, um die Buddhaschaft zu erlangen.

Dies ist ein sehr wesentlicher Unterschied. Natürlich hat Shakyamuni gelehrt, daß das Sein vom Leid gekennzeichnet ist, doch das ist nicht die ganze Botschaft. Er fuhr fort die Menschen aufzufordern, nicht den Versuch zu unternehmen, Geburt, Alter, Krankheit und Tod zu entkommen, sondern ihnen kühn entgegenzutreten und sie dadurch zu überwinden. Dies ist nach meiner Ansicht die wesentliche Botschaft des Buddhismus.

Anders ausgedrückt: Es gibt zwei Haltungen, die man dem Leid des menschlichen Daseins gegenüber einnehmen kann. Die eine sieht es als Ergebnis des Gesetzes des Karma, als etwas das uns bindet und quält. Dies ist die Haltung der Hinayana-Jünger, die bestrebt sind, durch das Abtrennen der Täuschungen und durch das Ausbrechen aus der Welt der Wiedergeburt und des Leidens, ein Reich zu erlangen, das friedvoll und ohne Leiden ist. Deshalb sind sie bestrebt das Nirvana zu erreichen, ein Zustand des Friedens und der Aufhebung, in dem man nicht mehr länger Wiedergeborener ist. Diese Menschen sehen das Leben als etwas Vorbestimmtes, das jenseits ihrer Kontrolle liegt.

Im Gegensatz dazu sehen die Mahayana-Jünger das Leid des menschlichen Daseins als etwas, das sie willentlich gelobt haben zu ertragen, um anderen zu helfen, die Befreiung zu erlangen. Sie versuchen nicht, der des Leidens zu entkommen, sondern sie begeben sich bewußt in die leidvollsten und entwürdigendsten Situationen dieser Welt, so daß sie das Leiden aller fühlenden Wesen auf sich nehmen. Der berühmte Laiengläubige Vimalakirti brachte diese Bestimmung des bodhisattva zum Ausdruck, als er sagte: »Weil alle fühlenden Wesen krank sind, deshalb bin auch ich krank.« Die Hinayana-Einstellung ist passiv und sieht die Lebensbedingungen als etwas an, das einem von außen auferlegt wurde. Die Haltung des bodhisattva dagegen ist aktiv, und er ist bestrebt, dem Leben seine eigenen Bedingungen aufzuerlegen.

Der dritte Punkt, den Dr. Mizuno erwähnt, ist, daß die Hinayana-Schule sich um die Vervollkommnung und um das Weiterkommen des Einzelnen kümmert, während der Mahayana auf die Vervollkommnung und das Weiterkommen der ganzen Gesellschaft und die Befreiung aller fühlenden Wesen abzielt. Dieser Punkt wurde in unseren vorangehenden Erörterungen mehrmals angeschnitten und bedarf keiner weiteren Behandlung. Es sei lediglich hier angemerkt, daß die Ausdrücke Mahayana und Hinayana diesen Punkt symbolisch zum Ausdruck bringen. Mahayana bedeutet »Großes Fahrzeug«, das alle fühlenden Wesen zur Befreiung führt, und Hinayana heißt »Kleines Fahrzeug«, das nur für die Befreiung des Einzelnen geeignet ist.

Es erübrigt sich fast hinzuzufügen, daß diese Ausdrücke von der Mahayana-Schule stammen, die diese, angesichts ihrer schwerwiegenden Bedenken, auf die früheren Sekten des Buddhismus anwendeten. Diese wiederum versuchten sich zu rächen, indem sie verkündeten, daß »der Mahayana kein wahrer Buddhismus« ist, doch hatte die Bewegung bereits einen solchen Aufschwung erreicht, daß der Widerstand keine Wirkung zeitigte.

Aus dem bisher gesagten wird ersichtlich, wieso die Lehren des Mahayana einen solchen Anklang im Volke fanden, und offensichtlich waren die Massen der Laiengläubigen davon begeistert. So war der Mahayana-Buddhismus imstande, die Angriffe und Kritiken der älteren Sekten zu übergehen und zu einer Vormachtstellung im indischen Buddhismus zu gelangen.

Der vierte Unterschied, den Dr. Mizuno aufzeigt, ist, daß die *Abhidharma*-Buddhisten dem genauen Wortlaut der Schriften größte Bedeutung beimaßen und in ihrer Auslegung peinlichst wortgetreu waren, während die Jünger des Mahayana viel freier und schöpferischer an die Sache herangingen. Die Sekten des Hinayana verwandten in ihrer formalen Strenge große Mühe auf das Zusammentragen von Kommentaren und Auslegungen über die philologische Bedeutung der Texte, Arbeiten die unter dem gemeinsamen Namen *Abhidharma* bekannt wurden. Die Mahayana-Jünger hingegen lehnten es ab, sich von der wörtlichen Bedeutung der Schriften binden zu lassen, bestanden auf einer flüssigeren und vielseitigeren Herangehensweise und unternahmen den Versuch der Rückkehr zu dem, was sie als den ursprünglichen Geist des Buddhismus betrachteten, wie er von Shakyamuni gelehrt worden war, und zur Auslegung der kanonischen Schriften in diesem Geiste.

Beide Ansätze haben ihre Vor- und Nachteile, selbst die modernen Gelehrten streiten sich darum, welcher von beiden der richtige ist. Eine Erörterung der Stellen, die die Wirklichkeit und das Leben, die dem Text zugrundeliegen, aus den Augen verliert, wird sich in Einzelheiten über Fragen der philologischen Auslegung festfahren. Andererseits enthebt einen das nicht der Notwendigkeit eines sorgfältigen und genauen Studiums des Textes. Worauf es ankommt ist immer die Suche nach der Entdeckung des zugrundeliegenden Geistes, der ihn belebt. Sobald man diesen Geist entdeckt hat, gilt es zu fragen, wie man ihn unter den heutigen Bedingungen in die Tat umsetzen kann. Dies ist meiner Ansicht nach der notwendige Ansatz, um

Philosophie und Wissenschaft schöpferisch werden zu lassen.
Der fünfte Unterschied zwischen *Abhidharma*-Schule und Mahayana ist unmittelbar mit dem soeben Beschriebenen verwandt. Der *Abhidharma* hatte, wie nicht anders zu erwarten, eine weitgehend theoretische und kleinliche Ausrichtung und neigte dazu, von Zeit zu Zeit in müßige philosophische Spekulationen zu versinken, die von den Fragen der Praxis vollkommen losgelöst waren. Im Gegensatz dazu stellte der Mahayana in seiner Frühzeit den Glauben und die religiöse Praxis über die Theorie und das Studium, und bestand darauf, daß jede dargelegte Theorie mehr auf der Praxis als auf leeren Spekulationen zu beruhen habe.
Dieser Punkt ist von größter Bedeutung. Jeder, der sich als religiöser Mensch versteht, muß ihn aufmerksam beachten. Der Buddhismus, der von Shakyamuni gelehrt wurde, entsprang keiner theoretischen Spekulation, keinem akademischen Studium. Der deutsche Philosoph Karl Jaspers* hat es so ausgedrückt: »Was Buddha lehrte war kein erkenntnistheoretisches System, sondern ein Weg zur Erlösung.«
Ein Überblick über die intellektuelle und geistige Welt seiner Zeit zeigte Shakyamuni, daß die Mitglieder der Brahmanenklasse auf die Beschäftigung mit der Theorie um der Theorie willen und auf das Studium um des Studiums willen herabgesunken waren. Er verwarf diesen Weg und ging, um ihn zu überwinden, von zu Hause fort

* Karl Jaspers (1883–1969), bedeutender Vertreter der Existenzphilosophie. – Anm. d. Verlages

und begab sich unter gewöhnliche Menschen. Dennoch erlaubten sich die Buddhisten der *Abhidharma*-Schule in der Theorie aufzugehen, und dachten nicht an die praktische Anwendung ihrer Theorien durch Überzeugung der Bevölkerung – ganz so wie die Brahmanen, die Shakyamuni kritisiert hatte.

Es versteht sich von selbst, daß die Mahayana-Buddhisten daher eine Rückkehr zur lebensnahen und praktischen Art des Glaubens zu Zeiten Shakyamunis befürworteten. Sie kritisierten die Schule des *Abhidharma* wegen ihre Theorielastigkeit und stellten ihr die eigene Praxisbezogenheit gegenüber. Dies heißt nicht, daß sie die Theorie ablehnten, sondern sie bestanden darauf, daß die Theorie lebendig und wirklichkeitsbezogen sein muß. Im Laufe ihrer langen Lehrdebatten mit den Brahmanen und den Anhängern der Hinayana-Sekten gelang es ihnen, ihre Theorien zu verfeinern und zu vervollkommnen, bis der Mahayana schließlich und endlich in der Doktrin überzeugender und scharfsinniger dastand als die älteren Sekten. Theorie und Praxis sind die zwei Räder des Wagens, und der Mahayana-Buddhismus war bestrebt, weder das eine noch das andere zu vernachlässigen.

Der sechste und letzte Unterschied nach Dr. Mizuno ist, daß der Hinayana sich vor allem auf den Mönch bezog, auf den Spezialisten auf diesem Gebiet, während der Mahayana die Laien und das ganze Volk in ihre Aktivitäten einbezogen.

Dies ist bloß eine Wiederholung dessen, was zuvor bereits gesagt wurde, und bedarf keiner weiteren Erläuterung. Ich möchte lediglich anmerken, daß diese Vorliebe des Hinayana für den Spezialisten auf einem Gefühl beruhte, das einen grundlegenden sozialen oder hierarchischen Unterschied zwischen den Ordensangehörigen und den Laien machte.

Zu dieser Ansicht bin ich nicht willkürlich gelangt. So zum Beispiel brachte der buddhistische Gelehrte Shōson Miyamoto dieselbe Ansicht zum Ausdruck, als er die frühen Sekten des Buddhismus als »zu einer diskriminierenden, mit Vorurteilen belasteten Ansicht neigend, ein Klassenbewußtsein, das typisch für das arische Brahmanentum Nordindiens ist« bezeichnet. Anders ausgedrückt widmete sich die Schule des Hinayana dem Studium der Lehren, von denen sie glaubte, daß sie nur der Mönch, der Fachmann auf diesem Gebiet versteht. Damit gelang es ihr, den Buddhismus von der Gesellschaft abzutrennen und ihn zum alleinigen Besitz einer einzigen Gruppe zu machen. Der Mahayana-Buddhismus auf der anderen Seite erkannte keine solche strenge Trennung zwischen dem Mönch und dem Laien an und suchte stattdessen, den Glauben für das Volk zugänglicher zu machen und ihn so weit als möglich zu verbreiten.

Die buddhistische Renaissance

Das Aufkommen der Bewegung des Mahayana oder die buddhistische Renaissance, wenn man so will, ist eines der bemerkenswertesten Ereignisse der Religionsgeschichte. Es wurden hier einige Faktoren herausgearbeitet, die zu ihrer Entstehung und zu ihrem Erfolg geführt haben. Ich möchte hier auf eine weitere Tatsache aufmerksam machen, die zu ihrer Beliebtheit beigetragen hat, nämlich die Rolle der buddhistischen Dichter und herausragenden Führer und Organisationen der Laien.

Zu jener Zeit trat eine literarische Gattung in Erscheinung, die dem ursprünglichen Buddhisten unbekannt gewesen zu sein scheint. Das sind die *Jataka* oder Geburtsgeschichten, Erzählungen in Prosa und in Versen, die die früheren Existenzen des Buddha beschreiben, zu einer Zeit als er noch ein bodhisattva war, und die *Avadana* oder Legenden über die Jünger Buddhas und besonders fromme Gläubige. Da sie die Gestalt des bodhisattva betonen und da ihr Zweck eindeutig in der Darstellung der buddhistischen Lehren zu liegen scheint, sind sie offensichtlich von anderen Mönchen als denen der *Abhidharma*-Anhänger verfaßt worden, die, wie wir gesehen haben in ihren Klöstern abgeschieden und in besondere Studien vertieft waren. Die Geschichten sind auf Pali geschrieben.

Zur Zeit der frühen Veden in Indien war die Sprache der arischen Völker, die den Norden bewohnten, Sanskrit. Zur Zeit Shakyamunis war Sanskrit jedoch eine höchst geregelte Sprache geworden, die als Gelehrtensprache diente und nur von den Brahmanen und den Mitgliedern der herrschenden Klasse gesprochen wurde. Das allgemeine Volk sprach eine Reihe von einfacheren Sprachen, die sich vom Sanskrit herleiteten und Prakrit genannt wurden, unter denen das Pali eine der wichtigsten war. Da Shakyamuni wünschte, daß seine Lehren nicht der Besitz einer privilegierten Klasse der Gesellschaft werden sollten, sondern für alle Menschen geschaffen seien, verwendete er die einfache gesprochene Sprache der Menschen, in welches

Gebiet er auch kam. Er bestand darauf, daß auch seine Jünger es ihm gleichtaten. Das ist der Grund, daß die frühen buddhistischen Schriften in Pali, einem verbreiteten Dialekt, und nicht in Sanskrit verfaßt wurden.

Dasselbe Verlangen, die gewöhnlichen Menschen zu erreichen, welches Shakyamuni dazu brachte, in seinen Lehren die Alltagssprache zu verwenden, beseelte auch die *Jataka*-Verse und -Erzählungen, die wir oben erwähnt haben. Sie stellen einen Versuch dar, die Ideen des Buddhismus in einer lebendigen und einfachen Art darzustellen, die der gewöhnliche Zuhörer leicht verstehen konnte. In den großen Mahayana-Schriften, wie etwa dem Lotus-Sutra, das wir später noch ausführlich behandeln werden, wird das gleiche Bestreben in der häufigen Verwendung von Parabeln und anderen literarischen Formeln sichtbar, die dazu dienen, die Schrift für den Laien reizvoll und so bedeutsam zu gestalten. Die *gathas* oder Versabschnitte, die über diese Schriften verstreut sind, bilden hierfür ein leuchtendes Beispiel.

Es soll hier angemerkt werden, daß die Indo-arischen Sprachen, wie das Sanskrit und die davon abstammenden Dialekte, für die mündliche Rezitation besonders geeignet sind. Die frühen religiösen Werke des Brahmanismus, wie etwa die vedischen Hymnen, wurden grundsätzlich gesungen und in ihrer Frühzeit nur mündlich überliefert. Auch heute noch zeugt die Rezitation des berühmten Versepos *Ramayana,* das im indischen Volk eine große Beliebtheit besitzt, von dieser Tatsache. Die Menschen indo-arischer Herkunft in Indien sind offenbar für die Musik der Sprache besonders empfänglich gewesen. Aus diesem Grund hat jeder Denker, der seine Ideen im Volk verbreiten wollte,

diese in dichterische Form gebracht, was ihnen eine künstlerische Note verlieh und sie einprägsamer machte.
Mir scheint, daß jedes Denksystem, das mit Leben und Kraft erfüllt ist, fähig sein muß, ansprechend und unterhaltsam dem Volk dargestellt zu werden. Es versteht sich von selbst, daß man zu einem Verständnis der tiefen philosophischen Prinzipien, die dem Buddhismus zugrundeliegen, nicht nur die populären Werke braucht, sondern zusätzlich die eher technischen Abhandlungen, die für den Fachmann geschaffen wurden. Um jedoch sicherzugehen, daß der Buddhismus auch in den Herzen der gewöhnlichen Menschen Anklang findet, ist es notwendig, sie in einer Weise vorzutragen, die das Zuhören zur Freude macht. In diesem Sinne sind die Gleichnisse in den buddhistischen Schriften, die feierlichen Zeremonien, die Hymnen und gereimten Verse Mittel, die die frühen Buddhisten Indiens anwendeten, um die Herzen des Volkes zu gewinnen.
Unglücklicherweise werden heute in Japan die Schriften den Leuten nicht in einer Sprache vorgelegt, die sie verstehen können. Stattdessen werden die alten chinesischen Übersetzungen der Schriften einfach in sino-japanischer Aussprache vorgetragen, so daß kaum jemand außer dem Eingeweihten den Sinn des Gesagten erfassen kann. Traurig ist, daß gerade das Wort für eine buddhistische Schrift, *okyō*, im Japanischen ein Synonym für etwas Unverständliches geworden ist.
In den letzten Jahren konnte man in Japan einen bescheidenen Aufschwung der buddhistischen Literatur beobachten. Verleger haben Werke über die Lehren der verschiedenen Sekten herausgebracht und Ausgaben der Schriften mit ausführlichen Anmerkungen und Kommentaren druk-

ken lassen. Dies ist sehr lobenswert, doch scheint mir, daß dieser Weg an seine Grenze gestoßen ist. Was wir jetzt brauchen ist eine hervorragende literarische Gestalt, die die Ideale und philosophischen Prinzipien des Buddhismus in eine Form und eine Sprache bringen kann, die dem Geist und den Herzen der modernen Japaner am angemessensten ist. Dasselbe gilt für die anderen Länder und Völker der Welt: Wo immer der Buddhismus weitergegeben wird, soll er in einer Weise vorgetragen werden, die dem Geschmack und dem Temperament der Leute, an die er sich richtet, entspricht. Ich bin mir auch im klaren, daß dies viele Jahre in Anspruch nehmen kann.

Um jedoch wieder auf das Indien von vor zweitausend Jahren zurückzukommen, es bleibt noch ein letzter Punkt: nämlich die Frage, ob es eine Organisation von Laiengläubigen gab, die unabhängig von den Klosterorden der verschiedenen Hinayana-Richtungen bestand.

Ich neige sehr zu der Annahme, daß es eine solche Organisation gegeben hat, obwohl weitere Studien abzuwarten sind, bevor ihr Aussehen bestimmt werden kann. Das Vimalakirti-Sutra (welches im nächsten Kapitel behandelt wird) stellt einen höchst erleuchteten und einflußreichen Laiengläubigen mit dem Namen Vimalakirti in den Mittelpunkt. Einige Gelehrte sehen ihn als eine fiktive Gestalt, die Verkörperung des vorbildlichen Laien. Ich frage mich jedoch, ob er nicht unter den herausragenden Laienführern der buddhistischen Gemeinde wirkliche Vorbilder gehabt hat. Es würde mich auch nicht verwundern, wenn das Vimalakirti-Sutra und ähnliche Texte das Werk einer formellen Gruppe oder religiösen Organisation wären, auch wenn es wahrscheinlich keine so festgefügte

Organisation gewesen sein kann wie die Sangha oder der buddhistische Orden selbst.

Das Lotus-Sutra, das wir zu behandeln noch später Gelegenheit haben, ist offenbar auch von einer Gruppe oder einer Organisation erleuchteter Laien weitergegeben worden, die zeitweise einem großen Druck von außen ausgeliefert waren. Natürlich bestanden diese Organisationen nicht nur aus Laien. Zweifellos gab es auch Mönche unter ihnen, doch sahen sie Mönche und Laien im wesentlichen als gleich an. Die wahre Führerschaft der Gruppe kam meiner Vermutung nach aus den Reihen der Laien, die erleuchtet waren und an die Gleichheit aller Menschen und sozialen Klassen glaubten und für die Verwirklichung des Bodhisattva-Ideals bestimmt waren. Hätte es eine solche Organisation damals nicht gegeben, dann wäre es schwer vorstellbar, wie die Mahayana-Anhänger eine derart große Zahl von Schriften bewahren und weitergeben hätten können.

Die genaue Form der Organisation des frühen Mahayana und der genaue Vorgang seiner Entstehung bleibt, wie wir gesehen haben, im Ungewissen. Eines steht jedoch fest: ungefähr fünfhundert Jahre nach dem Tod des Buddha, zu einer Zeit in der der Dharma, den Shakyamuni gelehrt hatte, fast vom Aussterben bedroht war, entstand in Indien diese neue Bewegung, die die Lebenskraft dieser Religion wieder herstellte und ihre Lehren nach Osten über Zentralasien bis nach China und später nach Japan brachte. Ihr Auftreten ist deshalb von großer Bedeutung gewesen, da sie eine wahrhafte Renaissance des indischen Buddhismus bewirkte, und ihre Geschichte ist voller Lehren, die für uns heute von größter Wichtigkeit sind.

Vimalakirti und das Ideal des Laiengläubigen

Vimalakirti

Die Entstehung der Bewegung des Mahayana hatte eine Verjüngung des Buddhismus zur Folge. Eine Schlüsselrolle kam dabei den Führern der Laiengemeinde zu. Darum will ich für einen Augenblick ihren Lebensweg und ihren Beitrag zur frühen Geschichte des Buddhismus verfolgen. Dies ist vielleicht am besten möglich, wenn wir die Person Vimalakirtis betrachten, wie sie in dem Sutra mit dem Titel *Vimalakirti-nirdesha* oder Darlegung des Vimalakirti, allgemein bekannt als Vimalakirti Sutra, beschrieben wird.

Vimalakirti, der reiche Kaufmann aus der Stadt Vaishali, redegewandt, meisterhaft in der Debatte und mit erstaunlichem Gedächtnis ausgestattet, war eine unglaubliche faszinierende und mysteriöse Gestalt. Anders als die Hauptjünger Shakyamunis, die ganz abseits des Alltaglebens zu stehen scheinen und in ihrer Erleuchtung fast förmlich sind, lebte er ein volles und ungebundenes Leben, wie es sich für einen wahren Laien gehört. Er stellt das genaue Gegenteil des Arhatideals dar, das von den Mönchen der Hinayana-Sekten hochgehalten wird. Er war eine lebende Verkörperung des Mahayana-Geistes in seiner Ablehnung des engen Monastizismus und in seinem Bestehen darauf, daß der Buddhismus in der ganzen Gesellschaft blühen möge.

Für die Buddhisten Indiens, Chinas und Japans, besonders für die Laien, war Vimalakirti eine ungemein beliebte Gestalt. Dies ergibt sich auch aus der Tatsache, daß das Vimalakiriti-Sutra mehr als jedes andere Mahayana-Sutra gelesen wurde – wenn man vom Lotus-Sutra absieht. Sechs chinesische Übersetzungen wurden davon angefertigt, wovon drei noch heute bestehen. Unter diesen wird die zweite, die von dem berühmten Übersetzer Kumarajiva (344–413) gemacht wurde, als die literarisch beste angesehen, und sie ist auch die meistgelesene. Der Philosoph Nagarjuna zitiert in seinem *Mahaprajna-paramitopadesha* das Vimalakirti-Sutra mehr als jeden anderen Text außer dem Lotus-Sutra, und die T'ien-t'ai-Schule des Buddhismus in China hat es ebenfalls für sehr bedeutsam gehalten und einen Kommentar darüber geschrieben. In Japan war es eines der drei Sutren, über die Prinz Shōtoku* Kommentare verfaßte, wobei die anderen das Lotus-Sutra und das Sutra von der Königin Shrimala waren.
Mit dem Lotus-Sutra hat es die Auszeichnung gemein, das dramatischste und wirksamste Werk des Mahayana Kanons zu sein. So kommt es, daß es einen großen Einfluß auf die Dichter und Schriftsteller Chinas und Japans gehabt hat. So hat ihr zum Beispiel der berühmte chinesische Dichter der T'ang-Dynastie (618–907) Wang Wei seine Verehrung ausgedrückt, indem er den Namen Vimalakirtis als seinen eigenen annahm. Seine Eigennamen Wei und Mochieh bilden zusammen die chinesische Schrei-

* Prinz Shōtoku Taishi (572–621), der »hochweise und tugendvolle Kronprinz«, postumer Ehrentitel des Prinzen Umayado. – Anm. d. Verlages

bung des Namens Vimalakirti. *Hōjōki* oder »Bericht über meine Hütte« von Kamo no Chōmei*, ein Klassiker der frühen japanischen Literatur, ist ebenfalls stark von dem Vimalakirti-Sutra beeinflußt. Die »Zehn-Quadratfuß-Hütte«, die der Autor beschreibt, ist der berühmten *hōjō* oder Zehn-Quadratfuß-Hütte Vimalakirtis direkt nachempfunden.

Auch wenn die dichterische Schönheit des Textes und die Tatsache, daß er nie mit einer bestimmten Schule des Buddhismus in Verbindung gebracht wurde, seine weitverbreitete und anhaltende Beliebtheit bezeugen, so scheinen mir doch entscheidend, die Faszination, die Vimalakirti auf den Leser als Mensch ausübt, und die Fähigkeit, mit der er die praktische Anwendung des Geistes des Mahayana zum Ausdruck bringt. Der Text beschreibt, wie Vimalakirti nacheinander mit den Hauptjüngern Shakyamunis debattiert, und zeigt immer wieder, wie er sie durch seinen beißenden Witz und seine Beredtsamkeit übertrifft. Wir finden ihn sogar im Gespräch mit Manjushri, der als Bodhisattva der höchsten Weisheit bekannt ist, wie er in vollendeter Art die tiefschürfendsten Aspekte der Mahayana-Philosophie disktuiert.

Das buddhistische Denken der Frühzeit, vor der Entstehung der Mahayana-Bewegung war, wie bereits zuvor festgestellt, auf die Gestalt des Mönches gerichtet, der sich streng an die Regeln der Zucht hält und mittels der Lehren versucht, die von Shakyamuni weitergegeben wurden, ein Heiliger zu werden. Vimalakirti hob sich von diesen

* Kamo no Chōmei (1153–1216), »Aufzeichnungen aus zehn Fuß im Geviert«. – Anm. d. Verlages

Klosterleuten vollständig ab. Er war ein reicher Kaufmann und vornehmer Bürger der geschäftigen Stadt Vaishali, der von seinen Mitbürgern geliebt wurde und ihnen sehr nahe stand. Er hatte Frau und Kind, ging Geschäften nach und wurde von Zeit zu Zeit in den Lustgärten und Spielhäusern der Stadt gesehen, wohin er sich begab, um die Lehren des Mahayana-Buddhismus zu predigen. Er praktizierte das Dharma, wie es sich der frühere buddhistische Orden mit seiner Betonung des Klosterlebens kaum hätte vorstellen können.

Es soll hier gesagt werden, daß wir keinerlei Hinweise außerhalb des Sutra dafür finden, daß Vimalakirti je existiert hat. Der chinesische Mönch Hsüan-tsang berichtet, daß er auf seiner Reise durch Indien zu dem Haus Vimalakirtis geführt wurde und man ihm verschiedene Orte gezeigt habe, an denen der berühmte Laie gepredigt haben soll. Dennoch beweist dies sehr wenig, da unzählige Gestalten, die ausschließlich in der Literatur existierten oder in der Legende, mit verbürgten Geburtsorten, Wohnstätten und Kleidern und anderem dargestellt wurden. Nach allem was wir wissen, mag Vimalakirti, wie einige Gelehrte insistieren, nicht mehr als die gedachte Verkörperung des idealen Laien sein, die von den späteren Anhängern der Mahayana-Schule geschaffen wurde.

Es gibt sicher keine Möglichkeit, solch eine Behauptung zu widerlegen, da, wie wir gesehen haben, westliche Gelehrte in der Vergangenheit oft die Existenz Shakyamunis geleugnet haben, oder König Ashoka bis zur Entdeckung seiner Schriftstücke und Erlässe als sagenhafter Herrscher abgetan wurde, dessen Taten den frommen buddhistischen Gläubigen zugeschrieben wurden.

Selbst wenn Vimalakirti eine reine Phantasiefigur wäre, schmälerte dies in keiner Weise den Wert des Mahayana-Sutra, in dem sein Tun beschrieben wird. Nicht die historische Belegbarkeit von Vimalakirtis Existenz ist entscheidend, sondern die Art, in der das Sutra ihn benutzt, um das Ideal des bodhisattva und die Maßnahmen zu veranschaulichen, die unternommen werden sollten, um den Buddhismus in der ganzen Gesellschaft zu verbreiten und um eine tiefe und erhabene Daseinsschau, die den Dualismus des Seins und Nicht-Seins überwindet, zum Ausdruck zu bringen. Vimalakirti ist einfach ein Mittel zur Verbreitung des Mahayana-Geistes.

Ob Vimalakirti nun eine wirkliche Person war oder bloß eine dichterische Erfindung, die Stadt Vaishali, der Schauplatz seiner Handlungen, war keine Schöpfung der Einbildungskraft. Es war ein blühendes Zentrum des Handels in Nordindien und ein wichtiger Ort der Unterstützung der Mahayana-Bewegung. Shakyamuni selbst schätzte die Stadt und besuchte sie etliche Male mit seinen Jüngern. Kurz vor seinem Tod, als er in Richtung seiner alten Heimat in Kapilavastu aufbrach, verweilte er einige Zeit in der Stadt und als er sie verließ, rief er aus: »Wie schön Vaishali doch ist!« Angesichts dessen wäre es keineswegs überraschend, hätte es damals in der Stadt tatsächlich bedeutende Laiengläubige wie etwa Vimalakirti gegeben. Man darf nicht glauben, Shakyamunis Jünger wären die einzigen gewesen, die seinen Lehren gelauscht haben, auch wenn ihre Geschichten in den frühen Schriften ausführlich festgehalten sind. In den frühen Jahren der religiösen Organisation Shakyamunis hat er ohne Zweifel viel den jungen Männern gepredigt, die ein Mönchsleben angefangen hatten und sich um ihn scharten. Als sich aber sein Ruhm ausbreitete, kamen mehr und mehr Leute um ihm zuzuhören. Es ist nur natürlich anzunehmen, daß eine wachsende Anzahl von Männern und Frauen Laienanhänger der neuen Religion wurden. In der Tat erzählen die Schriften, daß König Bimbisara, der Herrscher von Magadha, und auch König Pasenadi, der Herrscher von Koshala, beide dem Glauben beitraten, und wir erfahren auch von wohlhabenden Kaufleuten wie Sudatta, der das berühmte Kloster von Jetavana für den Orden stiftete.

Als Shakyamuni sich an diese Laiengläubigen wendete, hat er sie, dessen kann man gewiß sein, dazu angehalten, andere religiöse Übungen zu befolgen, als die der ordinierten Mönche. Es ist deshalb nur vernünftig anzunehmen, daß die Lehren, die er ihnen gab, sich bis zu einem gewissen Grad inhaltlich von jenen unterschieden, die er den Mönchen gab. Sollten diese Lehren jene gewesen sein, die sich später als die Mahayana-Schriften herauskristallisierten, dann könnten wir annehmen, daß sie die Pflicht des Buddhistischen Gläubigen betonten, eher für das Wohl der anderen als für das eigene Wohl zu wirken und den Dharma in der ganzen Gesellschaft zu verbreiten.

Meinem eigenen Gefühl zufolge vertraute Shakyamuni es dem Mönchsorden an, die Gesamtheit der philosophischen und religiösen Lehren, die er in den fünfzig Jahren nach seiner Erleuchtung fieberhaft gepredigt hatte, korrekt an die Nachwelt weiterzugeben, während er von den Laien erwartete, daß sie mit ihrem tätigen Geist und ihrem Wissen von der Welt seine Lehren in der ganzen Gesellschaft verbreiten würden. Ist meine Annahme richtig, dann können wir sagen, daß Shakyamuni in seinen Lehren den Mönchen und den Laien gleiche Bedeutung beimaß, und sie so sah, daß jeder für sich eine bestimmte und notwendige Aufgabe erfüllte.

Der Aufbau eines Buddhalandes

Betrachten wir für einen Augenblick die dreiteilige Übersetzung Kumarajivas des Vimalakirti-Sutra, die im japanischen als *Yuimakitsu-shosetsu-gyō* bekannt ist, um zu sehen was Vimalakirti für ein Mensch war.

Der erste Abschnitt, welcher die ersten vier Kapitel des Werkes umfaßt, beschäftigt sich mit Ereignissen, die in den Gärten von Ambapali stattfanden, in der Vorstadt von Vaishali. Ambapali war eine Kurtisane in Vaishali und eine tiefgläubige Frau. In Indien wurden die Kurtisanen und Prostituierten damals vom Staat beaufsichtigt und beschützt. Ambapali wurde als einer der Schätze der Stadt Vaishali angesehen, sie war nicht bloß schön, sondern auch intelligent und kultiviert. Sie war sehr wohlhabend und besaß liebliche Gärten in der Vorstadt, die sie zum Zeichen ihres Glaubens Shakyamuni anbot. Aus diesem Grund verweilte er mit seinen Jüngern in diesen Gärten, wann immer er Gelegenheit hatte, die Stadt Vaishali zu besuchen. Die Begebenheit in dem Vimalakirti-Sutra zeigt ihn auf einem solchen Besuch, wie er, begleitet von achttausend Mönchen und dreitausendzweihundert bodhisattvas, unter den Mangobäumen ruht.

Da erscheint ein junger Mann namens Hōshaku, der eine

Gruppe von fünfhundert jungen Adeligen anführt, von denen jeder einen Sonnenschirm trägt, der mit den sieben kostbaren Gegenständen verziert ist, um Shakyamuni zu besuchen. Daraufhin, so wird uns berichtet, machte Shakyamuni die fünfhundert Sonnenschirme zu einem einzigen, mit dem er die Welten der dreitausend Reiche überschattete. Die Episode kann so verstanden werden, daß die Egos der fünfhundert Edelleute zugunsten des einzigen großen Ego des Buddha verneint werden. Der Stelle liegt eine Auffassung zugrunde, die anderswo im Begriff von *ichinensanzen* ausgedrückt wird oder den dreitausend Reichen, die in einem Augenblick des Seins enthalten sind.

Hōshaku singt, von Ehrfurcht über die Anwesenheit Buddhas erfüllt, eine Lobeshymmne auf den Erhabenen. Darin findet sich folgende berühmte Stelle:

»Der Buddha trägt den Dharma mit einer einzigen Stimme vor, doch jeder versteht ihn auf seine Weise.«

Das heißt, daß jeder, der die buddhistischen Grundsätze vernimmt, sie ein wenig anders verstehen wird, je nach seinem eigenen Charakter und seiner Fähigkeit. Unbeschadet davon, wie gewandt der Dharma vorgetragen wird, wenn der Zuhörer die enge Sichtweise einer Person der *shōmon*- oder *engaku*-Kategorie hat, dann wird er nicht imstande sein, die Lehren Buddhas über den Mahayana zu verstehen. Wenn er andererseits über einen weiten geistigen Horizont verfügt und in der Dimension von dreitausend Reichen zu denken imstande ist, dann wird es ihm keine Schwierigkeit bereiten, den wahren Gehalt der Worte Buddhas zu erfassen. Diese Stelle erinnert daran, wie wichtig es ist, daß wir, die wir den Dharma suchen, dies mit einer offenen und empfänglichen Einstellung tun.

Hōshaku fragt Shakyamuni schließlich, was ein bodhisattva tun solle, um Buddhaländer von vollkommener Reinheit zu schaffen. Shakyamuni antwortet auf die Frage wie folgt: »Hōshaku, die Länder aller fühlenden Wesen sind die Buddhaländer des bodhisattva, ganz so wie sie sind! Wieso? Weil die Buddhaländer von den Wesen gehalten werden, die vom bodhisattva bekehrt worden sind, und sie werden gehalten von Wesen, die vom bodhisattva unterworfen worden sind. Die Buddhaländer werden durch den Eintritt der verschiedenen Wesen in die Weisheit des Buddha vergrößert, und sie wachsen, wenn Menschen in sich zur Natur eines bodhisattvas erwachen. Also sind die Buddhaländer des bodhisattva alle dazu geschaffen, allen fühlenden Wesen zu dienen.«

Der bodhisattva arbeitet daran, Buddhaländer, die von vollkommener Reinheit sind, zu schaffen, doch wird aus dieser Stelle klar, daß diese »Buddhaländer« nicht irgendein weitentferntes »Reines Land« im Westen sind. Sie bestehen bereits im Geist des bodhisattva, sobald er gelobt, allen fühlenden Wesen zu dienen, und für die Verwirklichung dieser Länder tätig wird. Mit anderen Worten, das Buddhaland wird nicht als das Resultat, das erst geschaffen werden muß, sondern als der Antrieb, als der Vorgang seiner Erschaffung gesehen. Das ist ein gutes Beispiel für die dynamische Qualität, die das ganze Vimalakirti-Sutra kennzeichnet. Die Stelle kann auch als Formel dafür gelesen werden, wie groß das Gebiet ist, in dem man den Dharma wirklich wirksam verbreiten kann. Das heißt, wenn ein praktizierender Gläubiger zu Leuten einer bestimmten Region predigt, dann bestimmt der Umfang seines Verständnisses seiner Mission als bodhisattva, die

Menschen durch die Lehren des Mahayana zu bekehren und sie in das Reich der Weisheit Buddhas zu führen, wie rein und wie weit das Buddhaland ist, das er schafft.

Die oben angeführten Begebenheiten kommen alle im ersten Kapitel des Sutra vor und sind mit dem Titel »Buddhaländer« überschrieben. Im zweiten Kapitel »Hilfreiche Mittel« bekommen wir den bemerkenswerten Vimalakirti zum erstenmal zu Gesicht. *Vimala* auf Sanskrit heißt »unbefleckt« und *kirti* heißt »Ruf« oder »Ansehen«. Hsüan-tsang verwendet in seiner Übersetzung des Sutra Mukushō oder »Der als makellos bekannte«, doch Kumarajiva benutzt einfach chinesische Buchstaben, um die Sanskrit-Schreibweise wiederzugeben. Weil die Übersetzung Kumarajivas so bekannt geworden ist, wird Vimalakirti nun in China und Japan allgemein Yuimakitsu oder einfach Yuima genannt. Nichiren Daishōnin erwähnt ihn in der *Gosho* stets unter dem Namen Jōmyō, was soviel wie »der für seine Reinheit berühmte« bedeutet, und eine Übersetzung des Sanskrit-Namens darstellt. Er nennt die Sutra *Jōmyō-gyō* und manchmal gebraucht er auch den Namen Yuima und *Yuima-gyō*.

Dem Text entnehmen wir, daß es in Vaishali einen reichen Mann gegeben hat, der als Vimalakirti oder »für seine Reinheit berühmt« bekannt war, einen buddhistischen Laiengläubigen, der sehr geschickt war in der Verwendung von hilfreichen Mitteln, um die Leute zu den Lehren des Glaubens zu bekehren.

Dem Sutra gemäß war er ein Mann, der verschiedene Tätigkeiten ausübte. Seine Geschäfte blühten, und er soll keine Mühe gescheut haben, die erworbenen Reichtümer unter der Bevölkerung zu verteilen. Er ging in der ganzen

Stadt herum und stand den Menschen mit Rat zur Seite, besuchte die Schulen, unterrichtete die Kinder auf geschickte Weise und hatte viele Freunde, junge und alte. Er war auch mit den populären Schriften seiner Zeit vertraut und war von den Beamten und Mitgliedern der Brahmanenkaste gern gesehen.

»Wenn er ein hoher Beamter wäre«, so lesen wir in der Schrift, »dann würde er den Dharma auf eine Weise lehren, die dem meistgeehrtesten Beamten entspräche.« Vielleicht ist er wirklich einmal ein hoher Beamter gewesen; da Vaishali eine republikanische Regierung hatte, wäre es gut möglich, daß man ihn für einen wichtigen Posten ausgewählt gehabt hätte. Auf jeden Fall war er einer der hervorragendsten Bürger des Staates.

Vimalakirtis Stellung in Vaishali erinnert gewissermaßen an die Stellung von Sokrates in Athen, nur mit dem Unterschied, daß Sokrates nie so reich war wie er. Wenn Vimalakirti sich eines größeren Wohlstandes als Sokrates erfreuen konnte, dann war ihm auch mehr Glück in der Aufnahme durch seine Mitbürger beschieden. Das beste Beispiel dafür war seine berühmte Krankheit, als Könige, hohe Beamte, Ältere, Laiengläubige, Brahmanen, Prinzen und verschiedene andere Beamte, insgesamt über tausend, kamen, um sich nach seinem Wohlbefinden zu erkundigen. So groß waren die Liebe und die Zuneigung, die ihm entgegengebracht wurden.

Shakyamuni verweilte damals in den Gärten Ambapalis, und auch er entschied sich dazu, jemanden zu schicken, um sich nach Vimalakirti zu erkundigen. Das dritte und das vierte Kapitel des Sutra mit dem Titel »Die Jünger« und »Die Bodhisattvas«, beschreibt, wie Shakyamuni

einen seiner zehn Hauptjünger nach dem anderen, und dann auch noch Maitreya und drei andere bodhisattvas dazu bestimmte, diesen Auftrag auszuführen. Doch jeder, der dazu auserkoren wird, erinnert sich, wie er in der Vergangenheit von Vimalakirti jeweils in einer bestimmten Weise übertroffen wurde und erklärt sich für unfähig, die Aufgabe zu erfüllen.
Um nur ein Beispiel anzuführen: Shariputra, der unter den Jüngern als der weiseste bekannt war, erzählt, wie er einmal mit gekreuzten Beinen unter einem Baum meditierte, als Vimalakirti auftauchte und begann, über die richtige Art der Meditation im Sitzen vorzutragen. »Shariputra«, sagte er, »sitzen heißt nicht notwendigerweise im Sitzen meditieren. Das Sitzen in der Meditation bedeutet, daß man seinen Körper und seinen Geist nicht in den Drei Welten zeigt. Es bedeutet auch, daß man seine Erhabenheit in einer natürlichen Weise zur Schau trägt, in einem Zustand, in dem Körper und Geist aufgehoben sind. Es heißt, imstande zu sein, den Buddha-Weg zu suchen, während man zugleich auf beispielhafte Weise mit den täglichen Geschäften dieser Welt fortfährt. Das bedeutet im Sitzen meditieren.«
Shariputra war, nachdem er so angesprochen worden war, außerstande irgendeine Antwort darauf zu geben und konnte bloß schweigend sitzenbleiben. Auf Grund dieser Erfahrung, so erklärte er Shakyamuni, sei er unfähig, die Aufgabe zu übernehmen, sich nach der Gesundheit Vimalakirtis zu erkundigen.
Diese Stellen sind aus dem Blickwinkel des Mahayana eine Kritik an den Jünger Shakyamunis und ihrer Hinayana-Ansichten und Praktiken. So wie in dem eben erwähnten

Beispiel werden die Praktiken des Hinayana wegen ihres Formalismus angegriffen, und die Betonung wird stattdessen auf den Inhalt und die Wirksamkeit der Praxis gelegt. Der typische Geist des Mahayana kommt hier deutlich zum Ausdruck.

Es ist also interessant festzuhalten, daß jeder der zehn Hauptjünger auf dieselbe Art aufgerufen wird und seine Unfähigkeit eingesteht, sich mit Vimalakirti, dem Ideal des Mahayana-Bodhissattva, zu messen. Der Text ist an dieser Stelle überaus lebhaft und dramatisch. Unglücklicherweise schießt er in seinem Eifer, die Ideale von *shōmon* und *engaku* des Hinayana zu kritisieren, über die Schranken der Vernunft hinaus. So wird etwa Shariputra in dem Vimalakirti-Sutra von Anfang bis zum Ende als eine Art Clown dargestellt. Tatsächlich wissen wir, daß er alles andere als ein Clown gewesen ist, daß er im wirklichen Leben zusammen mit den anderen Hauptjüngern in der Führung der religiösen Organisation, die von Shakyamuni gegründet worden war, eine überaus wichtige Rolle gespielt hat.

Nichiren Daishōnin schreibt in der *Gosho:* »Dieses Werk, welches Vimalakirti-Sutra genannt wird, ist nur ein kleiner Gefolgsmann weit hinter dem Lotus-Sutra.« Mit anderen Worten: weil das Vimalakirti nie über das Stadium der Kritik des Hinayana hinauskommt, reicht es niemals an den hohen Stand des Lotus-Sutra heran. Das Vimalakirti-Sutra dient deshalb nur als Einleitung zum Lotus-Sutra, weshalb Nichiren Daishōnin es wahrscheinlich »Gefolgsmann« genannt hat.

Es gibt Gelehrte, die das Vimalakirti- und das Lotus-Sutra derselben Familie von Mahayana-Werken zurechnen.

Doch Vimalakirti, von dem man erwartet, daß er über der Voreingenommenheit dieser Eingrenzungen steht, scheint von den Unterschieden der Hinayana-Ideale von *shōmon* und *engaku* gegenüber dem Mahayana Ideal des bodhisattva besessen gewesen zu sein. Dieses Unvermögen, solche Eingrenzungen zu überwinden, stellt den Hauptmangel des Vimalakirti dar.

Wie der Bodhisattva anderen hilft

Der zweite Teil der Übersetzung Kumarajivas enthält die Kapitel fünf bis neun und führt uns zum *hōjō* oder »Zehn-Quadratfuß-Großen« Krankenzimmer Vimalakirtis. Der bodhisattva Manjushri wird schließlich dazu auserkoren, sich in Shakyamunis Namen nach der Krankheit Vimalakirtis zu erkundigen. Er wird von achttausend Bodhisattvas, fünfhundert *shōmon*- oder *shravaka*-Jüngern und hunderttausend devas oder Himmelswesen begleitet. Alle sind sicher, daß ein Wortwechsel, welcher Art auch immer, zwischen Vimalakirti und Manjushri hörenswert ist und scharen sich in Erwartung und Aufregung.

Der Raum, in dem Vimalakirti liegt, ist bis auf ein Bett vollkommen leer, und mißt ein *jō* oder ungefähr zehn Fuß nach jeder Seite. Seltsamerweise passen alle Besucher hinein. Das ist etwas, das ein gewöhnlicher Rationalist nur schwer verstehen und annehmen wird.

Auch Shariputra war, so erfahren wir im sechsten Kapitel, von diesem Phänomen verblüfft, worauf Vimalakirti zu ihm sprach: »Shariputra! Es gibt in der Erleuchtung, die von den verschiedenen Buddhas und bodhisattvas erlangt wird, eine Lehre, die das Geheimnis genannt wird. Erlangt ein bodhisattva die Erleuchtung, dann kann der Berg Sumeru, riesengroß wie er ist, in einem winzigen Senfkorn restlos untergebracht werden. Mehr noch, die Aussicht vom Berg Sumeru wird die gleiche bleiben und die Schutzgottheiten der vier Lager, die dreiunddreißig Götter, die auf dem Berg wohnen, werden es nicht gemerkt haben, daß sie in ein Senfkorn eingetreten sind. Nur diejenigen, die mehr erleuchtet sind als sie, werden verstehen können, daß sie in ein Senfkorn eingetreten sind. Dies wird die Lehre vom Lösen des Geheimnisses geheißen.«

Diese Stelle ist eigentlich eine Darlegung der Mahayana-Lehre von *shunyata* oder »Leerheit«. Die Unterhaltung von Manjushri und Vimalakirti dreht sich um diesen Begriff der Leerheit oder den Zustand, der leer von oder jenseits von jeglichen Eigenschaften ist, die ihn beschreiben könnten. Im neunten Kapitel mit dem Titel »Der Eintritt in die Lehre des Nicht-Dualen« wird dieser Begriff von verschiedenen Gesichtspunkten aus erörtert und als »nichtexistent und doch nicht nichtexistent, nicht entstehend und doch nicht vergehend, nicht handelnd, doch nicht nichthandelnd« beschrieben. Es ist der Nichtdualismus, der mit herkömmlichen Mitteln nicht zu verstehen ist, der Bereich des absoluten Monismus*.

* Das monistische System im Buddhismus geht davon aus, daß die Außenwelt nur eine Projektion unseres Denkens ist. Durch eine Analyse des Bewußtseins wird versucht, in immer tiefere Schichten desselben vorzudringen. Schließlich wird als letzte Basis einer scheinbaren Persön-

Das ist das Reich, welches der bodhisattva durch verschiedene Übungen zu erreichen sucht. Welcher Art sind nun diese?

Um sie zu finden, kehre man zu Vimalakirti zurück, wie er im fünften Kapitel mit dem Titel »Untersuchungen der Krankheit« beschrieben wird. Manjushri erscheint am Bett Vimalakirtis und erkundigt sich nach der Natur seiner Krankheit.

Vimalakirti antwortet mit den berühmten Worten:

»In meiner Dummheit habe ich ein Gefühl der Liebe entwickelt und daher rührt meine Krankheit. Weil alle Wesen krank sind, deshalb bin auch ich krank. Würde die Krankheit der Lebewesen vergehen, dann würde auch meine Krankheit vergehen. Wieso? Weil der bodhisattva das Reich von Geburt und Tod für das Heil aller anderen Wesen betritt. Weil es Geburt und Tod gibt, muß es auch Krankheit geben. Könnten sich die anderen Wesen von der Krankheit losmachen, dann wäre auch der bodhisattva nicht länger krank. Es ist so wie mit dem einzigen Kind eines reichen Mannes. Ist das Kind krank, dann sind auch der Vater und die Mutter krank. Genest das Kind, dann werden auch der Vater und die Mutter genesen. Ebenso verhält es sich mit dem bodhisattva. Er liebt alle Wesen als ob sie seine eigenen Kinder wären. Wenn sie krank sind, dann wird auch er krank, wenn sie gesunden, dann wird auch er wieder gesund. Du fragst mich: ›Aus welcherUrsa-

lichkeit ein von Existenz zu Existenz fließender Bewußtseinsstrom gefunden, der letzten Endes in dem undifferenzierten Geistigen seine Unterlage hat. – Anm. d. Verlages

che entsteht die Krankheit?‹ Die Krankheit des bodhisattva entsteht aus Mitgefühl.«
Daraus wird ersichtlich, daß die Krankheit Vimalakirtis nicht auf ein körperliches Gebrechen zurückzuführen ist, sondern geistiger und spiritueller Natur ist. Es ist allgemein bekannt, daß jemand, der gesund ist, die Leiden eines Kranken nicht verstehen kann.
Hier wird uns eine Aufgabe vorgestellt, die noch weit schwieriger ist. Wir sollen die Leiden der anderen nicht nur verstehen, sondern sie teilen und uns zueigen machen. Es wird beschrieben, wie der Buddha an Krankheit und Täuschung leidet, wenn auch in einem viel geringeren Ausmaß als gewöhnliche Wesen. Das ist so, weil er die Leiden und Täuschungen der anderen Wesen teilt und sie sich zueigen macht.
Die Anhänger des Hinayana hatten aber den Geist der ursprünglichen Lehren Shakyamunis aus den Augen verloren und waren allein mit dem Bestreben der Vervollkommnung ihrer eigenen religiösen Übungen beschäftigt. Deshalb entstand der Mahayana mit seiner gegenteiligen Ansicht, dem Ideal des bodhisattva, der nach Buddhaschaft strebt, um anderen zu helfen, um dies auszugleichen. Um solches zu tun, muß er aber zuerst imstande sein, die Leiden der anderen Wesen zu teilen.
Vimalakirti fährt fort, die Übungen des bodhisattva in der nachfolgenden Weise zu beschreiben: »Obwohl er die verschiedenen Buddhaländer als ewig und frei von Geburt und Tod sieht, bemüht er sich dennoch, sie in all ihrer Reinheit den anderen Wesen zu zeigen – das ist die Übung des bodhisattva. Obwohl er den Weg des Buddha sucht, den Dharma predigt und das Reich des Nirvana betritt,

gibt er dennoch nicht sein Streben als bodhisattva auf – auch dies ist die Übung des bodhisattva.«

Als sie diese Worte Vimalakirtis vernommen hatten, erlangten achttausend der Himmelswesen, die Manjushri begleitet hatten, das Reich der unübertrefflichen Erleuchtung.

Der springende Punkt hier ist, daß ein bodhisattva, während er danach strebt, seine eignen religiösen Übungen zu perfektionieren, auch danach strebt, »Buddhaländer« oder ideale Welten in der gegenwärtigen Gesellschaft seiner Zeit, in der er lebt, zu schaffen. Anders als der Hinayana-Jünger, der im Nacheifern des Arhat-Ideals allein um seine Befreiung von Leid und Täuschung bemüht ist, existiert er auf einer höheren Stufe des Dharma und ist auf dieser Stufe bemüht, Buddhaländer für das Wohl aller Lebewesen zu schaffen.

Das ist die erhabene Aufgabe, die die Mahayana-Philosophie dem bodhisattva stellt.

Kaum war der beredte und eindringliche Dialog zwischen Vimalakirti und Manjushri über die Eigenschaften eines bodhisattvas zu Ende, erschien plötzlich eine Göttin, die zum Hause Vimalakirtis gehört und streute himmlische Blumen über die Versammlung. Die Blumen, die auf den bodhisattvas landen, fallen sogleich zu Boden, während diejenigen, die auf den *shōmon-* oder *shravaka-*Jüngern landen, fest auf ihnen haften bleiben. Shariputra und die anderen Jünger Shakyamunis versuchten wütend aber erfolglos, die Blumen abzuschütteln.

Die Göttin fragte Shariputra lachend: »Wieso versuchst du die Blumen abzuschütteln?«

Shariputra antwortete: »Verehrte Göttin, ich versuche sie

abzuschütteln, weil sich solche Blumen für einen Mönch nicht gehören!«
Der Göttin gelang es jedoch, sich in einer Debatte mit Shariputra, dem weisesten aller Jünger Shakyamunis, zu behaupten. Sie wies darauf hin, daß die Blumen von sich aus nicht das bedeuten, was ihnen dann zugeschrieben wird. Weil Shariputra und die anderen *shravaka*-Jünger vorgefaßte Meinungen und Überbleibsel diskriminierenden Denkens hätten, würden die Blumen an ihnen haften bleiben. Für einen Praktizierenden des Weges, der sich vor dem Kreislauf der Wiedergeburt fürchtet, sind alle Sinne, Sicht, Geruch, Gehör, Geschmack und Tasten eine Quelle von Täuschung, ein Tor durch das der Teufel, ihn holen kommt.
Es ist klar, daß die Göttin aus dieser ersten Begegnung siegreich hervorgehen würde. Shariputra entschied sich in dieser Situation dummerweise dafür, über ihr Geschlecht zu spotten. »Verehrte Göttin«, sagte er, »wieso wechselst du nicht deine weibliche Gestalt?«
Die Göttin antwortete, indem sie, zum Entsetzen Shariputras, ihn in eine Frau verwandelte, während sie die Gestalt Shariputras annahm.
Wiederum kommt man zum selben Schluß: Shariputra, der die Ansicht des Hinayana vertritt, kann sich nicht von einer Denkweise freimachen, die die Dinge in feste und unbewegliche Kategorien einteilt. Doch vom Dharma aus gesehen, der alle Wesen als ebenbürtig ansieht, ist es gleichgültig, ob man ein Mann oder eine Frau ist.
»In der Gleichheit aller Wesen«, so sprach die Göttin mit den Worten Shakyamunis, »gibt es weder Mann noch Frau.«

Die Gedanken dieser Stelle sind zufällig denen des Lotus-Sutra im zwölften Kapitel ganz ähnlich, wo die Tochter des Drachenkönigs in einen Mann verwandelt wird und die Erleuchtung erlangt.

Abschließend sei noch zu diesen Episoden angemerkt, mit welcher Inbrunst diejenigen, die mit Vimalakirti in Berührung kamen, sich der Suche nach der Erleuchtung widmeten.

Ein Laiengläubiger mit einem solchen Verständnis und tiefen Glauben wie Vimalakirti ist dazu prädestiniert, alle, die mit ihm zu tun haben, mit Hingabe zu beseelen.

Die Lehre vom Geheimnis

Das Vimalakirti-Sutra wird üblicherweise wegen seines wunderbar dramatischen Aufbaus gepriesen. Mit Sicherheit stellt die erheiternde Begebenheit der Göttin mit Shariputra ein bemerkenswert komisches Zwischenspiel im größeren Drama des Sutra dar. Im achten Kapitel mit dem Titel »Der Buddha-Weg« diskutieren Vimalakirti und Manjushri erhitzt über die Frage der Natur der Erleuchtung des Buddha, während im neunten Kapitel mit dem Titel »Der Eintritt in die Lehre des Nichtdualen« die zweiunddreißig bodhisattvas die Beschaffenheit dieser sogenannten Lehre des Nichtdualen von verschiedenen Gesichtspunkten aus betrachten.

Man hält dies allgemein für den Höhepunkt des Sutra, da hier das berühmte »Schweigen Vimalakirtis, das so ist wie ein Donnerschlag« vorkommt. Einer nach dem anderen tragen die bodhisattvas ihre Ansicht bezüglich der Lehre des Nichtdualen vor. Als Vimalakirti an die Reihe kommt, seine Antwort auf die Frage zu geben, sitzt er still da, ohne ein Wort von sich zu geben. Damit bringt er zum Ausdruck, daß der Bereich der Nichtdualität jenseits aller Worte liegt, daß dies ein Bereich ist, den der Intellekt nicht mehr erfassen kann.

Manjushri, voller Ehrfurcht über diese Antwort Vimalakirtis, ruft aus: »Wunderbar! Wunderbar! Das ist der wahre Eintritt des bodhisattva in die Lehre des Nichtdualen, in der es kein geschriebenes und kein gesprochenes Wort gibt.« Es wird uns berichtet, daß die fünftausend bodhisattvas, die zu den Zeitpunkt dort versammelt waren, daraufhin die Stufe der Erleuchtung, die als *mushōhōnin* bekannt ist und eine der höheren Stufen der Erleuchtung darstellt, erlangten.

Der letzte Abschnitt des Sutra, welcher vom zehnten bis zum vierzehnten Kapitel reicht, hat einen Buddha namens Kōshaku oder König der Düfte, zum Gegenstand, der über Shukōkoku herrscht, dem Land Aller Düfte, und den Dharma mit verschiedenen Parfums lehrt.

Als die Gespräche Vimalakirtis und Manjushris sich in die Länge zogen und es auf Mittag zuging, begann sich Shariputra, so berichtet das Sutra, wegen des Mittagessen zu beunruhigen. Nach den disziplinären Regeln der Mönche jener Zeit, war das Einnehmen von Nahrung nach der Mittagsstunde nicht erlaubt. Es ist komisch, daß Shariputra, der Mönch geworden war, um sich von weltlichen Sorgen und Täuschungen zu befreien, sich noch immer um sein Mittagessen sorgte, auch wenn man sich angesichts dessen einer menschlichen Sympathie für ihn nicht erwehren kann. Vimalakirti, der seine Unruhe bemerkte, fragte: »Glaubst du, du kannst dem Dharma lauschen, während dir der Gedanke ans Essen zu schaffen macht?« Es war keine liebenswürdige Bemerkung, doch fuhr Vimalakirti fort: »Wenn du etwas zum Essen willst, dann warte doch einen Augenblick. Ich werde dir eine Nahrung bringen, die du noch nie gekostet hast!« Daraufhin schickte er um eine Mahlzeit von Wohlgerüchen aus dem Land der Düfte. Der Botschafter, den Vimalakirti in das Land aller Düfte entsandte, fand sich in einem Reich wieder, in dem weder geschriebenes noch gesprochenes Wort verwendet, und der Dharma ausschließlich mit verschiedene Parfums gepredigt wurde. In diesem Reich gab es keine *shōmon* oder *engaku*-Jünger, Menschen, deren Verständnis auf die Stufe des Hinayana beschränkt ist. Es wurde ganz von bodhisattvas der höchsten Reinheitsstufe bewohnt, die fähig waren, von Düften alleine zu leben.

Das Land der Wohlgerüche wird trotz seiner Märchenhaftigkeit in allen Farben geschildert. Wir bekommen hier ein Bild der ungeheuren Phantasie der Schriftsteller der Mahayana-Schriften. Da sie den Dharma als etwas ansahen, das die Geheimnisse der Lebenskraft finden und erklären könne, waren sie der Meinung, sie hätten ihm im Rahmen von Reichen und Visionen darzustellen, die die herkömmliche menschliche Vorstellungskraft übersteigen. Die Beschreibung des Dharma als etwas, das nicht in Worten, sondern in wunderbaren Düften dargelegt wird, ist eine Art, dem Geist seine transzendente Natur bewußt werden zu lassen.

Der Text fährt fort, indem er erklärt, daß vom Land aller

Düfte aus gesehen unsere gegenwärtige Welt eine Stätte des Bösen und der Korruption ist, voller Wesen, die einen verdorbenen Geist haben und die die niederträchtigsten Ziele anstreben, wodurch sie es den Buddhas und bodhisattvas äußerst schwer machen, sie zu retten. Aus diesem Grunde sind die Buddhas gezwungen, den Dharma in Worten statt in Wohlgerüchen zu predigen, und die bodhisattvas müssen sich bewußt in den niedrigen Seinsbereichen verkörpern, um unermüdlich und unbarmherzig gegen das Übel zu kämpfen.

Als Vimalakirti dies von den bodhisattvas aus dem Land aller Düfte erfuhr, antwortete er, daß die bodhisattvas unserer gegenwärtigen Welt »Zehn Arten der Tugend« besitzen. Diese bestehen aus verschiedenen Übungen, die auszuführen sind, von denen die wichtigsten die sechs Paramitas sind, die da wären: Freigiebigkeit, Einhalten der Gelübde, Ausdauer, Anstrengung, Meditation und Weisheit. Diese einfache Liste von Regeln, die hier für den Mahayana-Gläubigen niedergelegt wird, beinhaltet einen deutlichen Gegensatz zu den 250 oder 500 Regeln der Disziplin, die den Hinayana-Mönchen vorgeschrieben sind.

Dem folgt eine Aufzählung von »Acht Gesetzen«, die der bodhisattva, der in unserer gegenwärtigen Welt seine religiösen Übungen ausführt, zum Vorbild nehmen soll. Da diese acht Gesetze in ihrer Ethik für die Männer und Frauen der heutigen Welt eine große Anwendungsmöglichkeit haben, möchte ich sie in ihrer Gesamtheit aufzählen.

1. Auch wenn Du den Menschen der Welt hilfst, sollst Du nach keiner Belohnung streben.

2. Du sollst alles Leid aller Lebewesen auf Dich nehmen.
3. Welchen Verdienst Du auch erwirbst, Du sollst ihn ganz den anderen widmen.
4. Du sollst alle Menschen als ebenbürtig und gleich ansehen, Du sollst Dich vor ihnen bescheiden und in Deinem Geiste keine Hindernisse bei ihrer Betrachtung dulden. Du sollst alle bodhisattvas so sehen, als ob sie Buddhas wären.
5. Hörst Du ein Sutra zum ersten Mal, dann nimm es ohne Vorbehalt auf. Du sollst mit den Anhängern des Hinayana nicht streiten.
6. Du sollst auf die Almosen, die andere Menschen erhalten, nicht neidisch sein, nicht mit eigenen Gewinnen prahlen und Deinen Geist im Zaume halten.
7. Du sollst über Deine eigenen Irrtümer nachdenken und nicht über die Fehler anderer.
8. Du sollst zu allen Zeiten ein unerschütterliches Herz bewahren und nach Verdiensten aller Art streben.

Es wird gesagt, daß man, wenn man sich von ganzem Herzen der Aufgabe hingibt, anderen zu helfen und Menschen zu retten, im Laufe der Zeit diese acht Ziele verwirklicht. Es fällt einem sofort auf, daß im Gegensatz zu den genauen und einengenden Regeln der Disziplin im Hinayana, diese Regeln weitgefaßte ethische Ziele sind, die dazu dienen, die Einstellung und Herangehensweise zu lenken.

Das Sutra kehrt danach erneut in die Gärten der Ambapali zurück, wo die wahre Identität Vimalakirtis weiter enthüllt wird, und endet, indem es sich der Obhut Maitreyas und Anandas anvertraut.

Ein weiterer Name für das Vimalakirti-Sutra ist »Die

Lehre von der unbegreiflichen Erleuchtung«. Sicher ist die Gestalt Vimalakirtis, so wie sie darin vorkommt, von Geheimnissen und Wundern umgeben. Er stellt das Vorbild des Laiengläubigen dar, so wie es vor ungefähr zweitausend Jahren geschaffen wurde. In einem gewissen Sinn ist er jedoch auch der Vorläufer unserer Soka Gakkai. Es erübrigt sich die Feststellung, daß die Soka Gakkai sich auf die Lehren des Lotus-Sutra stützt und deshalb die Regeln für die religiöse Praxis, die von Vimalakirti niedergelegt und oben angeführt wurden, nicht notwendigerweise befolgen muß. Wenn man jedoch das wahre Wesen und die Bedeutung des Dharma genauer erfaßt, dann, so glaube ich,wird man zu dem Schluß kommen, daß beide, das Vimalakirti-Sutra und das Lotus-Sutra eine einzige Wahrheit zum Ausdruck bringen.

Die Entstehung des Lotus Sutra

Die Predigt des Dharma am Geierberg

Bisher wurde die geschichtliche Entwicklung des Buddhismus in Indien in den Jahrhunderten unmittelbar nach dem Tod Shakyamunis behandelt. Jetzt sollen der zweifellos wichtigste Text des Buddhismus, das Lotus-Sutra, und seine Entstehung behandelt werden.

Aus der großen Anzahl von Schriften, die der buddhistische Kanon umfaßt, ragt nach allgemeiner Ansicht das Lotus Sutra heraus. Dies ist keine vereinzelte Ansicht, sondern das wird von Buddhisten ebenso wie von Nichtbuddhisten behauptet. Die Tatsache, daß es in Indien, China und Japan mehr Kommentare über diesen Text als über jeden anderen Text des Kanons gibt, ist ein weiterer Beweis seiner ungeheuren Bedeutung. Der Chinesische Mönch Chih-k'ai oder Chih-i (538–97), der Begründer der T'ien-t'ai-Schule, widmete sein ganzes Leben der Aufgabe, über diese Schrift Vorlesungen zu halten und Abhandlungen zu verfassen, so hat er sie geschätzt. Wenn man diesem Werk gerecht werden wollte, dann müßte man ihm viel mehr Zeit und Raum widmen, als das hier möglich ist.

Shakyamuni soll das Lotus Sutra über eine Zeit von acht Jahren gepredigt haben. Seine Jünger sammelten die Reden, doch viele hundert Jahre vergingen, ehe die Schrift ihre heutige Gestalt angenommen hat. Das Lotus Sutra ist

nicht bloß das berühmteste aller Mahayana Sutras, sondern es stellt in der Tat eine Zusammenfassung des Kerns des gesamten Systems der indischen buddhistischen Philosophie dar, wie sie von Shakyamuni geschaffen wurde.
Das Lotus Sutra gelangte mit der Zeit nach China, wo es in das Chinesische übersetzt wurde, und über diesen Weg auch nach Japan, wo es besonders durch die achtgliedrige Übersetzung von Kumarajiva bekannt wurde, die den Titel trägt: *»Miao-fa lien hua-ching«* oder *»Myōhō-renge-kyō«*. Die 69 384 Schriftzeichen dieses Textes wurden als ebensoviele goldene Zeichen des Dharma betrachtet. Das Lotus Sutra hat einen unbeschreiblichen Einfluß auf die japanische Kultur gehabt. Eine große Anzahl von Ausdrücken, die wir Japaner von heute im Alltag verwenden, läßt sich vom Lotus-Sutra herbeileiten, auch wenn wir uns in den meisten Fällen darüber nicht bewußt sind.
Wir müssen uns die Aufgabe jeden der acht Abschnitte und achtundzwanzig Kapitel zu untersuchen für eine andere Gelegenheit aufheben. Ich möchte mich hier vor allem mit den Bedingungen, die bei der Entstehung dieser bemerkenswerten Schrift in Indien vor zweitausend Jahren herrschten, auseinandersetzen.
Es taucht sogleich die Frage auf, ob, wie neuerdings behauptet wird, das Lotus Sutra nicht das Werk von buddhistischen Gläubigen späterer Jahrhunderte gewesen ist. Diese Möglichkeit wurde von philologischen Studien nachgewiesen, die nahelegen, daß die früheste Version des Textes nicht früher als im ersten Jahrhundert v. Chr. entstanden sein kann, worauf sie nach und nach erweitert wurde, bis sie irgendwann um das erste Jahrhundert n. Chr. das heutige Aussehen bekommen hat. Aus diesem

Grund entstanden Bedenken, daß die Mahayana-Lehren, die im Text dargelegt werden, nicht die wahren Lehren des Buddhismus darstellen, wie sie ursprünglich verbreitet wurden. Ich für meinen Teil kann mir nur schwer vorstellen, daß das Lotus Sutra und andere Mahayana Schriften keinerlei Verbindung zu den Lehren Shakyamunis haben und reine Erfindungen der Mahayana-Anhänger späterer Jahrhunderte sein sollten, die den Text einfach mit der Formel: »So habe ich gehört« anfangen ließen, um ihn glaubwürdig erscheinen zu lassen.

Ich meine damit nicht, daß die ungeheure Anzahl von Schriften im buddhistischen Kanon eine genaue Wiedergabe der Lehren Shakyamunis darstellen, genau so wie er sie ausgesprochen hat. Wie wir gesehen haben, wurde das erste Konzil kurz nach dem Tod Shakyamunis abgehalten, um seine Lehren zu ordnen, und daß sie während der folgenden zwei- oder dreihundert Jahre mündlich weitergegeben wurden, wobei eine Generation von Jüngern nach der anderen den Wortlaut im Gedächtnis behielt. Die Gelehrten mutmaßen, daß die Schriften nicht vor dem ersten Jahrhundert v. Chr. in ihrer heutigen Form entstanden sind. Dies bedeutet, daß die schriftlichen Hinayana-Texte in der Tat nicht älter sind als die frühen Mahayana-Texte. Wenn die letzteren als »nichtbuddhistisch« bezeichnet werden, da sie keine nachweisbare Verbindung mit den Lehren Shakyamunis haben, dann mag man dasselbe von den grundlegenden Hinayana-Texten, wie den *Agama-* oder *Agon*-Sutras sagen.

Was man an dieser Stelle meiner Ansicht nach nicht aus den Augen verlieren darf, ist nicht die Philologie, sondern die Tatsache, daß die Werke des Buddhistischen Kanons, sowohl die Hinayana- als auch die Mahayana-Werke, traditionell als Darlegung des Dharma gelesen wurden, und als solche ein lebendiger Teil des religiösen und philosophischen Denkens der Völker Asiens geworden sind. Diese lebendige und lebensfähige Qualität in ihnen stellt das Wesen der Religion dar. Ich glaube deshalb, daß man sie ohne weiteres als das Ergebnis der sorgfältigen und angestrengten Bemühungen der frühen Jünger betrachten kann, die Lehren Shakyamunis weiterzugeben, die er in den fünfzig Jahren nach seiner Erleuchtung offenbart hatte. Die Philologie kann diese These weder beweisen noch widerlegen, und wir sollten uns durch diese kleinliche Kritik nicht von der viel wichtigeren Betrachtung des Inhaltes dieser Schriften ablenken lassen.

Wir haben es hier mit einem Problem zu tun, das die Studenten des Buddhismus und der buddhistischen Texte über Jahrhunderte beschäftigt hat, nämlich die Frage warum diese Texte voneinander abweichen, ja einander sogar widersprechen, wenn sie doch im wesentlichen die Lehren Shakyamunis wiedergeben. Wenn man diese Frage beantworten will, dann sollte man folgendes in Erwägung ziehen.

Zuerst gibt es die Tatsache, daß es während der fünfzig Jahre, in denen Shakyamuni gepredigt hat, eine gewisse Änderung, einen Fortschritt gegeben hat, in der Art, wie er seine Ideen vorbrachte. Er erlangte die Erleuchtung unter dem Bodhi-Baum in Buddh Gaya und hielt danach seine erste Predigt im Hirsch-Park in Benares. Ist es jedoch vernünftig anzunehmen, daß er fortfuhr Tag für Tag, Jahr für Jahr die gleiche Predigt zu halten? Ich glaube kaum. Obwohl die Grundlagen der Erleuchtung, die er erlangt hatte, dieselben blieben, muß er sich ständig überlegt haben, wie er seine Erfahrung und ihre Bedeutung am besten dem Volk erklären könne. Zweifellos hat ihn die Weisheit dazu gebracht, sie je nach den Umständen, unter denen er predigte, immer etwas anders zu erklären.

Zuerst einmal hat er sicherlich zu jeder Zeit die Auffassungsgabe der Zuhörer in Betracht gezogen und seinen Vortrag entsprechend angepaßt. Selbst wenn er zu einem Einzelnen sprach, wie etwa zu einem seiner engen Schüler, so ist es nur natürlich anzunehmen, daß Shakyamuni den Inhalt seiner Predigt änderte, sobald der Schüler in seiner geistigen Schulung Fortschritte machte, und er ihn Schritt für Schritt in die tieferen Geheimnisse des Dharma einweihte. So kümmerte er sich mit Hingabe um die Führung der Mitglieder seines neuen Ordens, ermutigte und nährte die Fähigkeiten jedes Einzelnen, bis schließlich alle das Stadium der Buddhaschaft erreicht hatten.

Man muß den Einfluß einkalkulieren, den das schrittweise Wachsen und die Entwicklung des buddhistischen Ordens auf die Methoden und den Inhalt der Lehrtätigkeit Shakyamunis gehabt haben.

Shakyamuni begann seine Laufbahn als Prediger, als ein Einzelner, der die geistige Welt des alten Indien herausforderte. Er scheint sich zuerst vor allem an Asketen gewandt zu haben, die alle Arten von religiöser Enthaltsamkeit übten. Er widerlegte die Ansichten der Brahmanen und der sogenannten sechs unorthodoxen Lehrer oder Freidenker, und stellte sein eigenes Gedankengebäude dar, welches auf der tiefgehenden Erleuchtung beruhte, die er selbst erlangt hatte. Als die Anzahl der Asketen wuchs, die seinen Lehren zugetan waren, bildete sich mit der Zeit der Buddhistische Orden, und Shakyamuni legte demgemäß gewisse Lehren und Regeln als Richtschnur für die Disziplin der Gruppe nieder. Wir vermuten, daß diese frühen Lehren in den Jahren nach seinem Tod schließlich die *Agama*-Sutren geworden sind. Sicherlich beschäftigen sich die *Agama*-Sutren ganz besonders mit Fragen der Ordensdisziplin und sind oft nur bruchstückhaften Inhalts, wobei sie den Eindruck erwecken, daß sie eine Sammlung von verschiedensten Anleitungen darstellen, die von Shakyamuni an seine unmittelbaren Schüler zu ihrer besonderen Anleitung gegeben wurden.

Als sich der Ruhm Shakyamunis nun ausbreitete kamen außer seinen Schülern auch andere, um seinem Vortrag des Dharma zu lauschen. Man hat den Eindruck, daß Shakyamuni ursprünglich die Bildung eines großen Ordens gar nicht vorgehabt hat. In der Tat verbot er den Mönchen zu seiner Zeit sogar, in großen Gruppen aufzutreten. Er selbst nahm nur eine kleine Anzahl von Jüngern mit, wenn er auf Vortragsreisen ging, während seine ständige Sorge der Verbreitung der buddhistischen Lehre in der ganzen Gesellschaft galt. Möglicherweise schulte er seine Jünger in erster Linie so, daß sie später dem Volk als Lehrer dienen konnten; so konnten sie seine Wünsche am besten erfüllen, wenn sie nach dem Erlangen der eigenen Erleuchtung auf Reisen gingen, um dem Leid der Massen abzuhelfen.

Als Ergebnis dieser Verkündungsreisen konnte die neue Religion nicht nur Mönche, sondern auch eine große Anzahl von Laiengläubigen zu ihren Anhängern zählen. Nach seiner Erleuchtung hatte Shakyamuni vierzig Jahre lang den Dharma gepredigt und mittlerweile eine große

Zuhörerschaft gewonnen, die darauf erpicht war, ihm zu lauschen. Er selbst war inzwischen über siebzig Jahre alt geworden. Es wäre kaum verwunderlich, wenn er zu diesem Zeitpunkt beschlossen haben sollte, der Welt sein letztendliches Verständnis der Wahrheit zu offenbaren, damit es für die nachkommenden Zeiten erhalten bleibe.
In seinen späten Jahren predigte Shakyamuni vorwiegend in der Nähe von Magadha, einem der fortgeschrittensten Staaten im damaligen Indien und ein Zentrum der geistigen Entwicklung. Man stelle sich vor, wie Vertreter der verschiedenen buddhistischen Gemeinden aus ganz Indien sich in Rajagaha, der Hauptstadt Magadhas, zusammenfanden, um Shakyamuni in seinen letzten Jahren nahe zu sein. In den nordöstlichen Vororten der Hauptstadt lag der Hügel Gridhrakuta oder Geierberg. Hier predigte Shakyamuni das Lotus-Sutra.
Das Anfangskapitel des Sutra, welches als Einleitung dient, beschreibt die eindrucksvolle, riesige Versammlung, die zusammengetreten war, um Shakyamuni bei dieser Gelegenheit zu hören. Sie umfaßte zwölftausend bedeutende Mönche, unter denen so berühmte Jünger Shakyamunis waren wie Anyatta Kaundanna, Mahakashyapa, Uruvela Kashyapa, Gaya Kashyapa, Nadi Kashyapa, Shariputra und Maudgalyayana; die Nonnen Mahaprajapati und Yashodhara mit ihren sechstausend Verwandten; achtzigtausend bodhisattvas, Manjushri, Avalokiteshvara, Bhaishajva-raja und Maitreya eingeschlossen; die Schutzkönige der vier Kontinente, die acht Drachenkönige und Ajatashatru, der König von Magadha.
Beim Betrachten dieser Gruppe fällt einem auf, daß Vertreter aller zehn Reiche des Seins anwesend sind. Das

Lotus-Sutra ist, mit einem Wort gesagt, die grundlegende Philosophie der Lebenskraft, weshalb die Anwesenheit aller Seinsarten bei ihrer Darlegung, wie sie in der Einleitung beschrieben wird, nur angemessen ist.

Im zweiten Kapitel mit dem Titel »Hilfreiche Mittel« tut Shakyamuni seine lebenslange Sehnsucht kund, alle Lebewesen mögen Buddhas werden. Verglichen mit den früheren Lehren Shakyamunis stellt dies eine epochale Änderung des Dharma dar. Sogar die Jünger, die Shakyamuni über vierzig Jahre begleitet hatten, hatten bis zu diesem Zeitpunkt nicht einmal zu träumen gewagt, tatsächlich Buddhas zu werden. Dazu hätten sie dieselbe erhabene Stufe erreichen müssen, wie ihr Lehrer Shakyamuni, was sie sich nur schwer vorstellen konnten.

Heute sehen wir den Buddhismus als eine Religion, die alle Wesen lehrt, wie sie Buddhaschaft erlangen können. Aber selbst wir, mit unseren zahlreichen Fehlern und Sorgen, die uns verwirren, können uns kaum vorstellen, wie wir imstande sein sollten, eine solch hohe Stufe zu erreichen. Es überrascht keineswegs, daß Shariputra und die anderen engen Schüler Shakyamunis, die ähnlich über ihre Mängel dachten, Shakyamuni viel zu weit über sich stehend sahen, als daß sie glauben hätten können, ihm jemals gleichzukommen. Und da erklärte Shakyamuni am Geierberg, daß es sein Ziel sei, allen Wesen Buddhaschaft zu bringen. Dies muß seine Zuhörer getroffen haben wie ein Erdbeben.

Im Kapitel »Hilfreiche Mittel« erklärt Shakyamuni: »In allen Buddhaländern der zehn Richtungen gibt es nur eine Lehre, nicht zwei oder drei«, und er fährt fort: »Alle Buddhas und der Welt-Erhabene sind nur zu einem einzigen und entscheidenden Zweck in der Welt erschie-

nen.« Sie sind erschienen, erklärt er weiter, weil sie in allen Wesen die Weisheit eines Buddha erwecken, alle Wesen zur Weisheit eines Buddha führen und alle Wesen zur Verwirklichung der Weisheit eines Buddha, alle Wesen in die Weisheit eines Buddha führen wollen. Ja, er geht sogar noch weiter: »Ich möchte alle Wesen dazu bringen, genau so zu sein, wie ich selbst und nicht anders.« Sodann, in den folgenden Kapiteln, gibt er Parabeln und Vergleiche, um zu erläutern, was er damit meint, ihre Einsicht zu erwecken und ihnen das Erlangen der Buddhaschaft zu prophezeihen.
Aus der Schrift entnehmen wir, daß Shariputra und andere Zuhörer aufsprangen und tanzten, als sie diese Voraussagen des Buddha vernahmen. Tatsächlich muß dies ein Ereignis größter Freude gewesen sein, ein Ausdruck der Lebenskraft auf ihrer höchsten Stufe. Diese Versammlung, dieses Geschehen muß sich den Teilnehmern in ihrem Innersten unauslöschlich eingeprägt haben.

Der Shravaka-Jünger und der Mahayana-Bodhisattva

Wie wir gesehen haben weisen philologische Studien darauf hin, daß die Mahayana-Schriften etwas jüngeren Datums sind als die meisten Schriften der Hinayana-Schule. Wie kommt es dazu? Sind die Mahayana-Schriften Zeugnis einer späteren Stufe des Wachsens und der Ausdehnung innerhalb des Kanons? Oder gab es sie von Anfang an, waren sie eine eigene Überlieferung, die sich über die Jahrhunderte hinweg unbemerkt entwickelten, bis sie im ersten Jahrhundert n. Chr. schließlich ihre gegenwärtige Gestalt annahmen (unabhängig von jener, die zu den *Agama*-Sutren der Theravada-Schule führte)? Wie bereits oben festgestellt, gibt es keine eindeutigen Beweise, die ein sicheres Urteil zulassen würden, doch halte ich es für wichtig, wenigstens Mutmaßungen darüber anzustellen.

Es wurde bereits die Vermutung geäußert, daß Shakyamuni im Laufe der fünfzig Jahre seiner Lehrtätigkeit verschiedene Lehren oder Darlegungen des Dharma zu verschiedenen Zeiten gegeben haben muß. Wenn das zutrifft, dann können wir annehmen, daß seine Lehren nach seinem Tod entsprechend bestimmter Traditionen oder Linien, innerhalb der gesamten Lehre, weitergegeben wurden. Dies würde für die Bildung von verschiedenen Kategorien von Schriften sprechen, die ein Ausdruck dieser verschiedenen Traditionen innerhalb der Religion wären.

Eine weitere Mutmaßung, die oben angestellt wurde, war die, daß die Unterschiede im Inhalt und in der Form der Lehren Shakyamunis daher rührten, daß sie entweder vorrangig von den Mönchen oder von den Angehörigen der Laiengemeinde überliefert wurden. Die Mönche hatten, wie wir gesehen haben, die Neigung, sich von der Gesellschaft abzukapseln. Was die Lehren Shakyamunis betrifft, so interessierten sie sich in erster Linie für diejenigen, die sich mit den Regeln der Disziplin erhalten sollten oder für die schwierige Analyse und Auslegung der Lehren, die am besten in der Beschaulichkeit und Muße des Klosterlebens zu bewerkstelligen waren. Die Arbeit des ersten Konzils scheint vorrangig der Erstellung von Richtlinien für die Klostergemeinschaften gegolten zu haben, und die Schriften der frühen Schulen des Buddhismus, die sich hauptsächlich mit dem *Abhidharma* beschäftigten, hatten einen ähnlich eingeschränkten Bereich.

Im Gegensatz dazu können wir mit Sicherheit annehmen, daß die frühen Anhänger des bodhisattva-Ideals, deren Anliegen die Verbreitung der buddhistischen Lehren in der Gesellschaft war, bei der Zusammenstellung ihrer Schriften auf diejenigen Werke größten Wert legten, die für Laiengläubige und Menschen aus dem Volk maßgeblich waren. Viele der Mahayana-Schriften zeichnen sich durch die geschickte Verwendung der Parabel und anderer literarischer Formen aus und haben die Gestalt einer einfachen Geschichte, die für den gewöhnlichen Zuhörer leicht zu verstehen ist. Da die Mahayana-Anhänger überzeugt waren, daß Shakyamuni nicht nur für Asketen und Menschen der gebildeten Schichten gepredigt hatte, versuchten sie genau diesen Aspekt zu bewahren und zu überliefern.

Viele Gelehrte bevorzugen die Ansicht, daß diese zwei Bewegungen des Buddhismus nicht gleichzeitig verliefen, sondern, daß das Mönchtum eine frühe Form des Buddhismus war, während das Ideal des bodhisattva erst später als Gegenreaktion entstanden wäre. Eine solche Ansicht spiegelt die historisch-kritische Methode wieder, die von den meisten heutigen Buddhisten bevorzugt wird. Sollte sich der Buddhismus weiterhin als Weltreligion entwickeln, dann ist eine solche objektive und historische Sicht seiner frühen Entwicklung sicher zu unterstützen.

Dennoch habe ich das Gefühl, daß es zu früh wäre zu behaupten – zumindest auf Grund der gegenwärtigen

Beweislage – daß das Lotus Sutra und andere Mahayana-Schriften ganz allein das Werk späterer Jahrhunderte gewesen sind und mit den Lehren Shakyamunis in keinem irgendwie gearteten Zusammenhang stehen. Die religiöse Einsicht und Inspiration der Menschheit ist zu vielfältig und mysteriös, um nur mit geschichtlichen und gesellschaftlichen Faktoren erklärt zu werden, wie das die moderne Wissenschaft nur allzuoft versucht. Es ist Zeit geworden, daß wir solche Bestrebungen der Wissenschaft in Frage stellen. Ich für meine Person halte es für vernünftiger anzunehmen, daß die grundlegenden Gedanken des Lotus Sutra und anderer Mahayana-Schriften ihren Ursprung in den Lehren Shakyamunis haben, als zu glauben, spätere Zeiten hätten sie erfunden. Nachdem nichts darauf hinweist, daß meine Ansicht nicht zutrifft, neige ich dazu, sie beizubehalten.

Die beschränkten Tendenzen des Mönchtums, die vom Mahayana bedauert werden, sind nicht erst nach dem Tod Shakyamunis entstanden. Sie müssen im Buddhistischen Orden bereits zu seinen Lebzeiten bestanden haben. Wir können mit Sicherheit annehmen, daß es damals bereits solche gegeben hat, die nur um ihre eigene Befreiung bemüht waren und die Aufgabe der Verbreitung der Lehren unter den Laien und unter dem ganzen Volk mißachteten. Zweifelsohne hat sie Shakyamuni bei Gelegenheit schärfstens gerügt und versucht, ihren Irrtum zu beheben.

Des weiteren sollte man festhalten, auch wenn dies nicht jener oben erwähnten historischen Sicht anzurechnen ist, daß das Lotus Sutra die Ideale des *shōmon* und des *engaku*, die das Ziel der Hinayana-Mönchsgemeinden gewesen

waren, nicht einfach verwirft. Das Lotus Sutra legt die Grundsätze des Lebens dar, was diese zwei in den zehn Seinsbereichen mit einschließt. Es ist eine Schrift, die nicht mit engherzigen Widerlegungen befaßt ist, sondern mit der Darlegung der universellen Wahrheiten, angewandt auf die ganze Menschheit. Das ist auch der Grund, warum es bisher in Indien, China und Japan so viel gelesen wurde und bis auf den heutigen Tag noch weiter gelesen wird.
Das Lotus Sutra spricht von der Aufhebung der »Drei Fahrzeuge« von *shōmon, engaku* und den bodhisattva-Idealen und ihrer Ersetzung durch ein einziges Fahrzeug, daß allen die Befreiung bringt. Einige Gelehrte schließen daraus, daß in den Jahrhunderten nach dem Tod Buddhas zwischen den Befürwortern des *shōmon-* und des *engaku*-Ideals und denen des Bodhisattva-Ideals eine Kontroverse ausgebrochen sei, und sehen in dem Lotus Sutra eine scharfsinnige Maßnahme, um der Kontroverse ein Ende zu bereiten, indem man die Diskussion auf eine höhere Ebene hob, die beide Ideale umfaßte.
Meiner Ansicht nach betont dieses Argument die schriftliche Fassung des Textes in ungebührlicher Weise, ohne in Betracht zu ziehen, daß die Ideen mündlich überliefert worden sind, bevor sie niedergeschrieben wurden. Mehr noch scheint es von der Voraussetzung auszugehen, daß Shakayamuni nichts mit dem Lotus Sutra zu tun hatte, und versucht diese Ansicht künstlich zu stützen. Wie bereits zuvor angedeutet ist diese Voraussetzung für mich nicht annehmbar, ungeachtet dessen, wie einleuchtend die Begründungen, die angeführt werden, um sie zu stützen sein mögen. Der Grund dafür ist meiner Meinung nach der, daß dies auf die Infragestellung der gesamten Motiva-

tion Shakyamunis hinausliefe, seine Familie zu verlassen, die Erleuchtung zu suchen und den Dharma zu lehren. Fast alle buddhistischen Gläubigen und Studenten der Religion würden darin übereinstimmen, daß Shakyamuni die Erleuchtung nicht für sich selbst allein gesucht hat. Er hat sie gesucht, um den anderen den Weg der Erleuchtung zu zeigen und sie vom Leid und den Qualen der menschlichen Existenz zu befreien. Als Resultat seiner religiösen Übungen erlangte er die Erkenntnis, daß er selbst ein Buddha war. Während der folgenden fünfzig Jahre, in denen er den Dharma predigte und versuchte, den Weg der Erleuchtung, der dem Buddha eigen ist, anderen zu übermitteln, muß er in meinen Augen das letzte Ziel gehabt haben, in den anderen die Erkenntnis zu erwecken, daß auch sie Buddhas sind. Wenn es nicht so war, ist seine Sendung sinnlos gewesen. Mit anderen Worten, um es möglichst deutlich zu sagen; Wenn Shakyamuni gestorben ist, ohne die allgemeine Möglichkeit der Buddhaschaft zu predigen, wie sie in dem Lotus Sutra dargelegt wird, dann können wir nur sagen, daß sein Leben gescheitert ist.

Die Ausbreitung des Buddhismus nach dem Tod Shakyamunis

Die zehn wichtigsten Jünger und die anderen Mönche, die unmittelbar unter Shakyamuni studierten, müssen sehr genau gewußt haben, welche Lehren er wo und wann gelehrt hat. Doch wenn wir dem oben dargelegten

Gesichtspunkt zustimmen, dann müssen wir folgern, daß sie aus irgendeinem Grund seine wichtigste Lehre, die mit der Grundlage der Lebenskraft zu tun hat, nicht verstanden haben. In Bezug auf die zehn Seinsbereiche zogen sie einen zu strengen Trennungsstrich zwischen dem höchsten Bereich, dem des Buddha, und den nächsttieferliegenden, denen des bodhisattva, *engaku* und *shōmon*.

Es war das Lotus Sutra, welches zuerst diese Trennung aufhob, und klarmachte, daß der wesentliche Dharma in der Lebenskraft gegenwärtig ist. So wurde offensichtlich, daß das Reich des Buddha mit den anderen neun Reichen übereinstimmt und umgekehrt. Es wurde ebenso offenbar, daß alle Menschen gleichermaßen fähig sind, Buddhaschaft zu erreichen, und es erübrigte sich die Frage, wie gut die Jünger die Lehren verstanden hatten, die Shakyamuni in den vorangegangenen vierzig Jahren gelehrt hatte oder ob die Laiengläubigen in ihrer religiösen Übung weit genug gekommen waren. Sogar die Unterscheidung von Mönch und Laie wurde unwichtig.

Wenn ein solcher Gleichheitsgrundsatz angenommen wird und beide, sowohl Mönch als auch Laie als ebenso fähig betrachtet werden, die Buddhaschaft zu erreichen, dann taucht übrigens die Frage auf, wieso einer überhaupt Mönch werden sollte. In der Tat haben wir Zeugnis davon, daß diese Frage in den Jahren nach Shakyamunis Tod im buddhistischen Orden Zweifel hervorrief und Gegenstand einer längeren Diskussion wurde. Die Fragen des König Milinda zum Beispiel enthalten eine Erörterung dieses Problems. Der ehrwürdige Mönch Nagasena schließt die Diskussion, indem er meint, daß der Laiengläubige, da er in seinen vergangenen Existenzen bereits verschiedene religiöse Übungen begangen habe, fähig sei, Buddhaschaft zu erlangen, ohne ein Mönch zu werden. Dies ist ein Trost für uns Laiengläubige, die annehmen dürfen, daß wir unsere Enthaltsamkeitsübungen bereits in vergangenen Inkarnationen vollendet haben.

Nun, Spaß beiseite, gibt es einen solchen Unterschied zwischen der Art wie ein Mönch und der Art wie ein Laie für die Befreiung der anderen arbeitet? Beide versuchen nur, den Weg des Buddha zu gehen. Auch wenn jeder das Ziel auf eine etwas andere Art zu erreichen sucht, ist es doch so, daß sie nur dadurch wirksamer zusammenarbeiten können. Es gibt keinen Grund für sie gegeneinander zu arbeiten. Leider muß dennoch gesagt werden, daß die Buddhistische Gemeinschaft allem Anschein nach in den Jahren nach dem Tod Buddhas in zwei Hälften zerfallen ist: der Hinayana mit dem Mönchsorden und der Mahayana mit den Laienführern. Dieser unglückliche Gegensatz zwischen den Mönchen und den Laien war ganz ohne Zweifel einer der Gründe, der zum Niedergang und letztendlichen Untergang des Buddhismus in Indien in den Jahrhunderten um 1000 n. Chr. geführt hat.

Man fragt sich, ob Shakyamuni die Gefahr dieses Konfliktes vorausgesehen hat, und wenn dem so war, welche Maßnahmen er ergriffen hat, um ihr zu begegnen. Meinem eigenen Gefühl nach muß er, kraft seiner bemerkenswerten Einsicht, diese Gefahr erkannt und alles in seiner Macht Stehende unternommen haben, um sie zu lindern. Die frühen Schriften enthalten einige Hinweise darauf und beschreiben, mit welcher Unnachgiebigkeit er das tägliche Leben der Mönche, die seine unmittelbaren Schüler waren, leitete, aller Wahrscheinlichkeit nach, um sie davor zu bewahren, in einen kleinlichen Parteigeist zu verfallen. Der sichtbarste Hinweis für seine Sorge war zweifelsohne die Tatsache, daß er nicht nur Vertreter aller buddhistischen Laien- und Mönchsgemeinden, sondern darüberhinaus auch aus allen Schichten des indischen Lebens Vertreter um sich versammelte und am Geierberg das Lotus Sutra mit seiner Lehre von dem »einen Fahrzeug« predigte.

Wie dem auch sei, welche Vorsichtsmaßnahmen er auch immer getroffen haben mag, es ist eine unleugbare historische Tatsache, daß die Organisation, die er gegründet hatte, ungefähr hundert Jahre nach seinem Tod bereits in zwei Teile gespalten war. Eine Ursache dafür war, wie ich bereits früher mehrmals erwähnt habe, die Tatsache, daß der Mönchsorden es zuließ, eine von der Gesellschaft isolierte, elitäre Gruppe zu werden. Als die Mahayana-Bewegung plötzlich die Oberhand bekam, beanspruchte sie, ihre Maßnahmen seien notwendig, da die Hinayana-Schulen dem Volk den Rücken zugekehrt und den Geist der Lehren Shakyamunis verraten hätten.

Wir können annehmen, daß deshalb das Lotus Sutra und die anderen Mahayana-Lehren in erster Linie von Laiengläubigen überliefert worden sind. Sie wurden solange nicht als Mahayana bezeichnet, bis die große Bewegung mit diesem Namen sie berühmt machte und dadurch in der Buddhistischen Religion eine wahre Renaissance zur Folge hatte. Doch ihr Vorbild des bodhisattva, der alle Wesen befreit, war unter den Laiengläubigen der Buddhistischen Gemeinde die ganze Zeit hindurch hochgehalten worden.

Wenn Shakyamuni vorausgesehen hat, wie seine Lehren in den Jahren nach seinem Tod verbreitet werden würden, dann muß es ihm klar gewesen sein, daß nicht seine *shōmon*-Jünger oder ihre Nachfolger in den Mönchsorden die Botschaft des Lotus Sutra übers Land tragen würden, sondern die bodhisattvas der Mahayana-Tradition. Auf jeden Fall ist sicher, daß er die Frage, wer fortfahren würde, den Dharma zu verbreiten, nachdem er gegangen sein würde, ständig im Kopf hatte.

Im fünfzehnten Kapitel des Lotus Sutra spricht er zur Versammlung auf folgende, strenge Art: »Laßt es sein, gute Leute! Ihr braucht das Lotus Sutra nicht zu beschützen. Wieso? Weil es in unserer Welt große bodhisattvas gibt, sechstausendmal soviel als es Sandkörner im Ganges gibt, und jeder von diesen hat Anverwandte, sechzigtausendmal soviel als es Sandkörner im Ganges gibt. Wenn ich dahingegangen bin, werden sie dieses für mich beschützen und werden das Sutra predigen und es nah und ferne lehren.« Wie diese berühmte Stelle vermuten läßt, war sich Shakyamuni wohl bewußt, daß diejenigen, die in den Jahren nach seinem Tod den Dharma zu verbreiten suchen würden, aller Wahrscheinlichkeit nach schwierige Bedingungen vorfinden würden. Und in der Tat erfuhr die Predigt des Dharma in den Jahren nach Shakyamunis Tod große Schwierigkeiten. Meiner Ansicht zufolge war es die politische und soziale Opposition gegen die Buddhistische Religion, die die Anhänger des Hinayana dazu bewegte, von der Verbreitung ihrer Lehren in der ganzen Gesellschaft Abstand zu nehmen. Die gegebene Lage war vielleicht so, daß sie, selbst wenn sie es gewollt hätten, die Gesellschaft jener Zeit nicht wirksam herausfordern hätten können.

Sogar zu Lebzeiten Shakyamunis hatte der Buddhismus

ein gewisses Ausmaß an Widerstand und Verfolgung zu erleiden, wie dies an den sogenannten »Neun große(n) Proben«, die Shakyamuni zu bestehen hatte, zu erkennen ist. Shakyamuni, im vollen Bewußtsein der wachsenden Schwierigkeiten, die nach seinem Tod zu erwarten waren, muß seine Jünger oft mit einem Gefühl der tiefen Besorgnis betrachtet haben und sich gefragt haben, wieviele von ihnen fähig sein würden, die Entbehrungen, die auf sie warteten, zu ertragen, und wieviele den Mut haben würden, die Gesellschaft herauszufordern. Vielleicht war es diese Vorahnung, die ihn dazu veranlaßte, scharf auszurufen: »Laßt es sein, gute Leute!«

Die Einführung eines neuen Denkens und die Sicherstellung seiner Weitergabe, nicht bloß über fünfzig oder hundert Jahre, sondern für fünfhundert oder tausend Jahre, bis es die Herzen der Menschen in der ganzen Welt entflammt – dies ist, wenn wir es bedenken, ein ungeheures Unterfangen. Die ganze Geschichte der Menschheit hindurch, im Westen wie auch im Osten, hat es niemals ein Denksystem gegeben, das über einen solchen Zeitraum und über ein solches Gebiet hinweg überliefert worden wäre. Und die Überlieferung der Lehren des Lotus Sutra, dem höchsten Ausdruck des buddhistischen Glaubens, erforderte ohne Zweifel die Anstrengung eines bodhisattvas oder bodhisattvas von wahrhaft außerordentlicher Erleuchtung und Entschlossenheit.

Der Geist des Lotus Sutra

Die Praktizierenden des Lotus Sutra

Bereits das Zustandekommen des Lotus* Sutra allein ist eine Frage, die eine ganze Reihe von geschichtlichen Rätseln mit sich bringt, zumindest in unserem gegenwärtigen Wissensstand. Dies hängt zum größten Teil mit der Tatsache zusammen, daß die Inder für das Sammeln und Bewahren von geschichtlichen Ereignissen stets eher geringes Interesse zeigten.

Wenn auch nur wenig über seinen Ursprung bekannt ist, so kann es doch keinen Zweifel geben, über die ungeheure Anzahl von Buddhisten, die sich leidenschaftlich der Aufgabe gewidmet haben, das Lotus Sutra zu verstehen und es in ihrem täglichen Leben anzuwenden. Das Lotus Sutra stellt unter allen Lehrdarlegungen Shakyamunis die höchste dar. Ehe man nicht das Reich der Erleuchtung eines Buddha betreten hat, kann man schwer hoffen, seine Wahrheiten begriffen zu haben. Die Wahrheiten des Dharma wurden, das sei hier festgehalten, zum Wohl aller Menschen enthüllt. Und doch ist es keine einfache Angelegenheit, die Straße zu entdecken, die zu ihnen führt. Man muß auf zahlreiche Hindernisse gefaßt sein, wenn man diese Aufgabe verfolgt.

* Hier sollte angemerkt werden, daß der Lotus, der sich unbefleckt über dem Wasser erhebt, Symbol höchster Reinheit. – Anm. d. Verlages

Es hat in der Vergangenheit jene gegeben, die versucht haben, das Lotus Sutra vom Geist des Wortes her zu verstehen, doch sind sie schließlich daran gescheitert, die wahre Bedeutung des Dharma zu verstehen. Das Reich der religiösen Erleuchtung, welches vom Lotus Sutra dargestellt wird, kann in der Tat nur durch das Beschreiten des richtigen Weges, intensive Hingabe und unermüdliche Praxis erreicht werden. Zu glauben, daß dies durch Methoden der Literaturanalyse ersetzt werden könnte, ist ein Trugschluß.

Traditionell wurde gesagt, daß die Schriften der buddhistischen Sutren mit den drei Tätigkeiten von Körper, Mund und Geist gelesen werden sollen. Dies trifft besonders auf das Lotus Sutra zu. Unabhängig davon, wieviele Worte und Sätze der Schrift jemand aus dem Gedächtnis kennt, ganz gleich wie beredt und beflissen sie jemand auslegen kann, wenn er nicht imstande ist, die Lehren in seinem Alltag anzuwenden und sie in praktische Maßnahmen umzusetzen, dann ist sein Verständnis wertlos.

Was aber ist nun genau gesagt die Anwendung des Lotus Sutra?

Das Sutra selbst definiert es mit fünf Handlungen: den Text bewahren, lesen, laut aufsagen, darlegen und abschreiben. Doch sollte man nicht annehmen, daß alle fünf Handlungen das gleiche Gewicht und dieselbe Dringlichkeit haben. Die ersten drei, Bewahren, Lesen und Aufsagen beziehen sich auf die eigene Meisterung der Schrift, während das Darlegen und Abschreiben mit der Verbreitung des Wissens der Schrift und ihrer Sicherstellung zu tun haben.

Doch gerade so wie die Tugend des Glaubens durch das

Lotus Sutra am nachhaltigsten betont wird, so ist die erste Handlung, das Erhalten und Bewahren der Schrift, die wichtigste von allen fünf.

Die Menschen, die das Sutra zusammenstellten, so, wie es uns heute zur Verfügung steht, glaubten fraglos, daß es den höchsten Ausdruck der Lehren darstellte, die von Shakyamuni Zeit seines Lebens vorgetragen worden waren. Das zweite Kapitel erzählt uns, daß »Der Welt-Erhabene sicherlich die Wahrheit darlegen wird, nachdem der Dharma für eine Zeit bestanden hat«. Und im zehnten Kapitel sagt der Buddha: »Die Sutren, die ich dargelegt habe, sind Millionen an der Zahl, unzählige. Diejenigen, welche ich in der Vergangenheit dargelegt habe, diejenigen, die ich in der Gegenwart darlege und diejenigen, die ich in der Zukunft darlegen werde. Unter diesen ist jedoch das Lotus Sutra das schwierigste im Glauben und das schwierigste zu verstehen.«

Diese Zitate zeigen die Idee vom Gesichtspunkt einer Reihe von Lehren von relativem Wert aus. In den nachfolgenden Zitaten wird sie vom Gesichtspunkt einer absoluten Lehre aus betrachtet. Es wurde zuvor die Stelle aus dem zweiten Kapitel angeführt, wo es heißt: »In allen Buddhaländern der zehn Richtungen gibt es nur eine Lehre, nicht zwei oder drei.« Und im Kapitel einundzwanzig lesen wir: »Alle Lehren, die im Besitz des Thathagata* stehen, alle Zauberkräfte, derer sich der Thathagata bedienen kann, die ganze Fülle der geheimen Lehren des

* Thathagata, der Vollendete, d. h. einer, der den von ihm gewiesenen Weg auch selbst gegangen ist. Thatagata ist ein Ehrentitel, den Shakyamuni nach seiner Erleuchtung erhielt. – Anm. d. Verlages.

Thathagata, alle tiefgehenden Behandlungsgegenstände des Thathagata – jede von ihnen wird in dem Sutra vorgebracht und dargelegt.«

Das Lotus Sutra gleicht einem großen Ozean, der unzählige Flüsse und Ströme in sich aufnimmt, eine umfassende Vorstellung der Lebenskraft, die allen Wesen zugrundeliegt. Es nimmt alle anderen Sutren in sich auf und ist deshalb das oberste. Es wird als der höchste Ausdruck des Dharma bezeichnet, nicht im Vergleich zu irgendeinem anderen Ausdruck, sondern weil es die tiefsten und letzten Grundsätze der Philosophie einschließt.

Das Sutra selbst geht förmlich über von dieser Art der eigenen absoluten Überlegenheit und zwar in jedem Abschnitt. Ich glaube, daß dies daher stammt, daß die Anhänger der Mahayana-Bewegung die Lehren des Lotus Sutra nach dem Tod Shakyamunis praktizierten und daß sie als Ergebnis hieraus die Überlegenheit des Sutra feststellten, was ihnen selbst die Tatsache der Überlegenheit bewies. Sie hatten die Anklagen der Hinayana-Jünger zu tragen, die darauf bestanden, daß der Mahayana nicht der Dharma ist, und gingen durch andere Prüfungen und Schwierigkeiten. Als sie mit diesen Drangsalen kämpften, stellen sie eine Wahrheit des Lotus Sutra nach der anderen auf die Probe, die tiefgründigen Lehren des Buddha, die ihnen aus der Vergangenheit überliefert worden waren. Diese Anhänger des Lotus Sutra haben in der Tat den Text des Lotus Sutra mit ihren Körpern erfahren.

Es gibt einige Gelehrte, die der Ansicht sind, daß das Lotus Sutra die Lehren einer Gruppe von Buddhisten innerhalb der Mahayana-Bewegung darstellt, die es vier- oder fünfhundert Jahre nach dem Tod des Buddha zusammenstellten und es Shakyamuni zuschrieben. Wie in einem vorangegangenen Kapitel schon bemerkt, kann ich dieser Ansicht nicht zustimmen, sondern ich ziehe es vor zu glauben, daß die wesentlichen Gedanken von Shakyamuni selbst weitergegeben wurden, wenig Aufmerksamkeit auf sich zogen, bis sie schließlich als offizielle Lehre der meisten Mahayana-Buddhisten angenommen wurden.

In der nahezu dreitausendjährigen Geschichte des Buddhismus steht Shakyamuni als einzigartige Gestalt da. Dies ist so, weil er in seiner Erleuchtung fähig war, die Gesetze des Universums und der ihnen innewohnenden Lebenskraft voll und ganz zu erfassen. Während seiner fünfzigjährigen Lehrtätigkeit war er bestrebt, durch verschiedenste Herangehensweisen an dieses Problem, diese Gesetze zu erklären und allen Lebewesen die Befreiung zu bringen. Sein Ziel war es, alle Wesen zu demselben Zustand der Buddhaschaft zu führen, den auch er selbst erreicht hatte.

Doch der Grundsatz, daß alle Wesen fähig sind, genau denselben Zustand der Buddhaschaft zu erlangen, den auch Shakyamuni erreicht hat, ist zum ersten Mal in dem Lotus Sutra klar ausgedrückt. Nur mit dem Lotus Sutra erreichen wir das, was mit den Worten des T'ien-t'ai als *enkyō* oder »vollkommene Lehre« bezeichnet wird. Wenn also Shakyamuni das Lotus Sutra nicht gepredigt hätte, dann hätte er es verabsäumt, den Dharma in seiner Gänze zu predigen und die Sendung zu vollenden, die ihn auf die Welt geführt hat. Eine solche Ansicht ist unhaltbar, deshalb glaube ich, daß wir als Buddhisten am besten die Ansicht vertreten, daß Shakyamuni das Lotus Sutra gepredigt hat.

Daraus läßt sich schließen, daß die *Agama*-Sutren der Hinayana-Schulen und andere Mahayana-Sutren eine Sammlung der Lehren darstellen, die Shakyamuni in den Jahren davor dargelegt hatte, bevor er seinen wahren Geist in dem Lotus offenbarte. Das bedeutet natürlich nicht, daß sie falsch sind. Sie stellen die Offenbarung bestimmter Gesichtspunkte seiner Erleuchtung dar und enthalten somit Wahrheit, doch ist jede auf den einen oder anderen Teil der »Vollkommenen Lehre« des Lotus beschränkt.

Es erhebt sich natürlich die Frage, warum, wenn die Schriften in den Jahren nach dem Tod Shakyamunis in Ordnung gebracht worden sind, es die *Agama*-Sutren der Hinayana-Schule gewesen sind, die zuerst zusammengetragen wurden und nicht die viel wichtigeren Lehren des Lotus. Ich habe bereits einige Gründe dafür erwähnt, von denen einer der wichtigsten die Beschaffenheit der Organisation war, die die Aufgabe des Ordnens der Schriften übernommen hatten.

In den Jahren unmittelbar nach dem Tod Shakyamunis war das erste, was man brauchte, ein klares System von wohldefinierten Regeln für die Leitung des Ordens, so daß diese Organisation die neue Religion weiterführen und von den ernsten Angriffen und Gefahren beschützen konnte. Dies würde erklären, warum die *Agama*-Sutren mit ihrer

Betonung eben genau dieser Anliegen der Disziplin zuerst geordnet wurden. Später, als die neuen religiösen Organisationen sich eine stärkere und stabilere Stellung in der Gesellschaft gesichert hatten und die Anzahl der Laiengläubigen weiterhin anstieg, konnten sie ihre Aufmerksamkeit dem Zusammenstellen der Sutren für die Haushalte zuwenden, das heißt, die klare und endgültige Ordnung der Mahayana-Sutren, mit ihrer Botschaft der Befreiung aller Wesen.

Wir können die Situation aber auch folgendermaßen betrachten: Die *shōmon*-Jünger Shakyamunis, obwohl sie das Privileg hatten, die höchsten Lehren zu hören und die Versicherung erlangten, daß sie die Buddhaschaft erreichen würden, erhielten von ihrem Lehrer zuerst eine Einweisung in eine Anzahl von vorläufigen Fassungen des Dharma. Erst nachdem sie lange Zeit ihre religiösen Übungen und ihr Studium betrieben hatten, wurden sie schließlich den »vollkommenen Lehren« des Lotus ausgesetzt. So wurden sie Schritt für Schritt in das Reich der Buddhaschaft eingeführt. Auf der anderen Seite wurden die Laiengläubigen, die der Bewegung zu einem späteren Zeitpunkt beitraten und die mit ihren Nachfolgern gemeinsam die Hauptstützen der Mahayana-Bewegung in den darauffolgenden Jahrhunderten werden sollten, auf einmal in die Lehren des Lotus eingeführt, ohne die vorbereitenden Einführungen, denen sich die Mönche unterziehen hatten müssen. Dank ihres guten Karma konnten sie in einem einmaligen Akt des Erkennens die Buddhaschaft erlangen. Heißt das dann, daß die *shōmon*-Jünger, als sie nach dem Tod von Shakyamuni zusammentrafen, um die Schriften in Ordnung zu bringen, ihre Aufmerksamkeit zuerst den

Agama-Sutren zuwandten, weil sie sich der Bedeutung des Lotus Sutras und der anderen Darlegungen der Mahayana-Lehren nicht bewußt waren?
Ich glaube nicht. Wären sie unfähig gewesen, die Bedeutung der Mahayana-Lehren zu verstehen, dann hätten sie wohl kaum die Buddhaschaft erreicht. Man sollte auch nicht vergessen, daß die grundlegenden Ideen, die später von den Mahayana-Schriften übernommen und weiterentwickelt worden sind, bereits in den *Agama*-Sutren gegenwärtig sind. Die *shōmon*-Jünger waren, so nehme ich an, weder im Ungewissen über die Mahayana Predigten Shakyamunis, noch mißachteten sie sie, sondern sie waren wahrscheinlich der Ansicht, daß es nicht ihre Sache war, diese Lehren weiterzugeben, oder sie glaubten, daß die Zeit dafür noch nicht reif sei. Deshalb wurden zuerst die Lehren des Hinayana in der Welt bekannt, während die Lehren des Mahayana im Verborgenen blieben.
Doch, wie wir gesehen haben, nachdem einige hundert Jahre seit dem Tod Shakyamunis vergangen waren, hatte sich die herkömmliche buddhistische Organisation mit der Mönchsgemeinde im Mittelpunkt zu einer rigiden und im allgemeinen exklusiven Gruppe entwickelt. Ihre Mitglieder widmeten all ihre Anstrengungen der Untersuchung von kleinsten Einzelheiten der Lehre, anstatt den Versuch zu unternehmen, die Lehren Shakyamunis in der ganzen Gesellschaft zu verbreiten. Das Ergebnis war, daß diejenigen Anhänger des Buddhismus, vor allem Laien, die nach der Verwirklichung des bodhisattva-Ideals strebten, sich von der Hauptorganisation wegen unüberbrückbarer Differenzen in der Methode und im Ansatz immer mehr abgeschnitten fanden.

Diese Studien der Mönchsgemeinde, die in den Abhandlungen, welche als *Abhidharma* bekannt geworden sind, Gestalt annahmen, drehten sich vor allem um solche Begriffe wie die »Vier Edlen Wahrheiten«, den »Achtfachen Pfad« oder die »Zwölfgliedrige Kette von dem abhängigen Entstehen« und wurden mit dem Eifer von Spezialisten durchgeführt, während alle Bestrebungen, die Befreiung dem ganzen Volk zu bringen, mißachtet wurden. Das hatte zur Folge, daß die Erleuchtung als etwas angesehen wurde, das auf einer viel zu hohen Stufe existiert, und daß die Erlangung der Buddhaschaft weit außerhalb der Reichweite eines gewöhnlichen Mönches oder gar eines Laien zu sein schien.

Andererseits sahen die Anhänger des Mahayana den Buddha als ein Wesen, das ihnen sehr nahe stand. Jeder, der die Übungen eines bodhisattvas befolgt und bemüht war, den anderen Nutzen und Befreiung zu bringen, konnte aller Sicherheit nach ein Buddha werden. In den Mahayana-Schriften werden eine große Anzahl von Buddhas beschrieben, wahrscheinlich, weil die Mahayana-Anhänger fähig waren, eine Vielfalt von Buddhas in ihrem eigenen Geist und ihrem eigenen Herzen zu sehen.

Es gibt vielleicht einen anderen Weg, die Spaltung von Hinayana und Mahayana im frühen Buddhismus zu betrachten. Wir können annehmen, daß zu Lebzeiten Shakyamunis Menschen existierten, die von der neuen Religion vor allem wegen der herausragenden Persönlichkeit und den spezifischen religiösen Zielen und Werten angezogen waren, die diese verkörperte. Zugleich gab es jene, die sich vor allem von ihrem philosophischen Inhalt angesprochen fühlten. Nach dem Tod Shakyamunis gewannen die philosophischen Interessen die Oberhand in der Organisation und führten zu den *Abhidharma*-Studien, während die reineren religiösen Tätigkeiten wie die Predigt und die Befreiung des Volkes vernachlässigt wurden. Und als die frühen Buddhisten diese religiösen Ziele aus den Augen verloren, verloren sie in gewissem Sinne auch die Verbindung zur Lebenskraft, die den buddhistischen Glauben ursprünglich durchströmte, das Ideal der Buddhaschaft und das Streben, es zu erreichen.

Doch sollte man vielleicht die Anhänger des Hinayana nicht zu hart beurteilen, da sie von ihren eigenen Ansichten gefangen waren. Im großen scheint es so gewesen zu sein, daß sie dachten, es gäbe nur einen Buddha, der in einer gegebenen Welt erscheint. Nach dem Tod Shakyamunis, dem einzigen Buddha, der in dieser Welt erscheinen sollte, hatten sie deshalb keine andere Wahl, als sich so fest als möglich an seine Lehren zu halten, die er hinterlassen hatte. Wie wir festgehalten haben, hat diese Hingabe auf ihre Art den Sutren und Regeln der Disziplin gegenüber, zu einer doktrinären Forschung und Exegese geführt, die sich als trocken herausgestellt hat, während der religiöse Eifer und die Lebendigkeit der Organisation versickerten.

Inzwischen bekamen die Anhänger des Mahayana, als sie den Zustand der buddhistischen Organisation und seiner Lehren mit ganz anderen Traditionen verglichen, die vor allem unter den Laien überliefert worden waren, ernste Zweifel an ihrer Gültigkeit. Mit diesem festen Glauben an die Nähe des Buddha und an die Erreichbarkeit der Buddhaschaft, gingen sie daran, die Lehren der Mahayana-Bewegung zu verbreiten und eine Renaissance der buddhistischen Religion in Gang zu bringen.

Der Hinayana-Vorstellung von nur einem Buddha für eine Welt wird im elften Kapitel des Lotus Sutra heftig widersprochen. Es erscheint ein Stupa oder Schatzturm in der Luft schwebend über der Versammlung und darin sitzen Shakyamuni und ein zweites Wesen mit dem Namen Tahō oder Buddha der vielen Schätze. Die *shōmon*-Jünger und andere Anhänger der Hinayana-Ansichten in der Versammlung müssen sich die Augen gerieben haben vor lauter Verwunderung über diesen Anblick.

Der Anblick des in der Luft schwebenden Stupa zeigt auch einen anderen Aspekt des Lotus, den des Phantastischen und des Irrationalen, der einige seiner Leser, die eher wortgläubig sind, in Bedrängnis gebracht hat. In diesem Zusammenhang ist es gut sich die Worte von Karl Jaspers in Erinnerung zu rufen, der schreibt: »Um ein klares Bild von Buddha zu bekommen, ist es zuerst notwendig, daß der Geist durch einige überraschende Ereignisse aufgewühlt und erhoben wird, deren essentielle Notwendigkeit dem Buddha selbst anvertraut werden muß. Nur durch ein solches Gefühl der Verwunderung und Ehrfurcht wird es uns möglich, ihn uns vorzustellen.« Mit anderen Worten, das Pochen der Freude, die im Leser oder Hörer erweckt wird, erweckt den Buddha, der in seinem Geist oder Herzen wohnt, zu plötzlichem Leben.

Es ist zwecklos zu fragen, ob sich irgendwelche wunderbaren Phänomene ereigneten, als Shakyamuni das Lotus Sutra predigte; eine solche Frage wäre auch wenig sinnvoll. Die wichtige Botschaft dieser Textstelle ist die, daß die

Buddha-Welt in der Lebenskraft jedes einzelnen Menschen gegenwärtig ist, und wenn die Verehrung eines Menschen dem Buddha gegenüber genügend stark ist, dann werden diese verschiedenen Buddha-Welten in allen Menschen ohne Ausnahme in sichtbaren Formen aufsteigen. Für die Mahayana-Anhänger, die mehrere hundert Jahre nach dem Tod Shakyamunis lebten, einer Zeit, in der der Dharma Gefahr lief, von der Welt zu verschwinden, gab es keinen anderen Weg, als zu versuchen, den lebenden Buddha in ihrem Herzen und in ihrem Geist deutlich werden zu lassen und zu visualisieren. Diese intensive und hingebungsvolle Suche nach dem Buddha im Geiste führte sie dazu, die Mahayana-Lehren, die von Generation zu Generation weitergegeben worden waren, schriftlich niederzulegen und auf diese Art die Schrift zusammenzustellen, die uns als Lotus Sutra bekannt ist.

Der Anblick des im Himmel schwebenden Schatzturmes soll dieses Prinzip zum Ausdruck bringen, die Fähigkeit aller Wesen, mittels ihrer Lebenskraft die in ihnen verborgenen Buddhawelten zum Ausdruck zu bringen. Gleichzeitig bezweckt sie, wie auch die Erklärungen der nachfolgenden Kapitel, die alte Vorstellung von »einem Buddha für eine Welt« zu widerlegen.

Das fünfzehnte und sechzehnte Kapitel bringen ganz ähnliche Ideen, die höchst revolutionär sind und vollkommen von den früher geäußerten Vorstellungen abweichen. Der erste Teil des Sutra, insbesondere das zweite Kapitel über »Hilfreiche Mittel«, ist hauptsächlich der Darlegung der ersten universalen Wahrheit des Werkes, nämlich, daß alle Wesen der neun Seinsbereiche außer dem der Buddhaschaft mit Buddhaschaft ausgestattet sind und die Buddhawelten in sich haben. Im sechzehnten Kapitel mit dem Titel »Die Lebensdauer des Thathagata« wird eine zweite große Wahrheit enthüllt: Shakyamuni erklärt, daß er die Buddhaschaft vor vielen zahllosen Äonen in der Vergangenheit erlangte, indem er den Weg des bodhisattva beschritt. Die religiöse Praxis, die er zu jener Zeit verfolgte, war keine andere als *der* eine Dharma, der im Lotus des wunderbaren Gesetzes ausgesprochen wird. Dies bildet die wichtigste Lehre des ganzen Sutras. Hierdurch gelangen wir zum Verständnis, daß die Buddhas der drei Welten und der zehn Richtungen durch den Glauben an und die Praxis des Lotus des wunderbaren Gesetzes imstande sind, Buddhaschaft zu erlangen. Es ist die Quelle der Buddhaschaft, ohne deren Kenntnis Buddhaschaft niemals erreicht werden kann.

Bevor Shakyamuni diesen Teil des Sutra predigte, nahmen seine Jünger von ihm an, daß er die Erleuchtung zum ersten Mal erlangt hätte, als er den Palast seines Vaters verließ, Askese übte und dann schließlich unter dem Bodhi-Baum saß. Jetzt sagte er ihnen: »In der Tat, gute Leute, ist es viele hunderttausend Billionen von *nayutas* von *kalpas* her, seit ich ein Buddha wurde.« Man kann sich vorstellen, auf welches Erstaunen diese Worte stießen.

Trotz dieser Zusicherung fuhren die *shōmon*-Jünger offensichtlich fort, die Erleuchtung Shakyamunis als ein einmaliges historisches Ereignis zu betrachten und ihn als den einzigen Buddha zu betrachten, der auf dieser Welt erscheinen würde, um den Dharma zu predigen. Also fühlten sie sich führerlos, als er gestorben war, und schlossen daraus, daß das Höchste, das sie erreichen könnten,

die Stufe des Arhat sei, und zwar mittels der eifrigen Befolgung der Regeln der Disziplin.
Im Gegensatz zu dieser ängstlichen und phantasielosen Ansicht der Hinayana-Schule bestanden die Anhänger des Mahayana, insbesondere diejenigen, die für das Lotus Sutra eintraten, darauf, daß alle Wesen die Buddhaschaft erreichen können, und daß Shakyamuni in der Welt erschienen sei, um ihnen zu diesem Ziel zu verhelfen. Mehr noch, sie behaupteten, daß Shakyamuni bereits zu vielen Zeiten, an vielen Orten erschienen sei, und obwohl er, um die Menschheit zu lehren, in das Nirvana eingegangen war, war er tatsächlich in den drei Welten der Vergangenheit, Gegenwart und Zukunft ewig anwesend. In den Versen im sechzehnten Kapitel erklärt er es folgendermaßen:

Um die Leute zu befreien,
Werde ich ihnen mein Nirvana zeigen als Mittel,
Doch in Wahrheit werde ich niemals verscheiden,
Ich lebe immer hier und lehre das Gesetz.

Auf diese Art legt das Lotus Sutra den Begriff des Buddha dar. Durch diesen Begriff wird der Buddhismus fähig, ein ewiges Licht zur Führung der Menschheit in allen Zeiten zu werden, ein Glaube, der würdig ist, sich in jede Ecke dieser Welt zu verbreiten. Diese Weite und Größe der Auffassung zeichnet das Lotus Sutra als einzigartig unter den buddhistischen Schriften aus.
Der Begriff des ewigen Buddha im Lotus Sutra und seiner vielfältigen Manifestationen in verschiedenen Zeiten ist ein höchst vielschichtiger. Die Kommentatoren des Sutra haben viel Zeit und Mühe auf die Ausbreitung der Feinhei-

ten der Lehre verwendet. Es sind nicht die Lehren, die mich hier interessieren oder das Bild eines leuchtenden, goldenen Buddha in aller Ewigkeit. Vielmehr ziehe ich vor zu sehen, was für ein Mensch Shakyamuni gewesen ist, als Mensch, als religiöser Führer; ein Mensch, der ganz ohne Zweifel viel mehr gelitten hat, als er es je anderen gegenüber zugab, der sich seiner eigenen Grenzen sehr wohl bewußt war.

Da er selbst ein Prinz aus dem Geschlecht der Shakya war, waren viele seiner Schüler auch Mitglieder derselben aristokratischen Klasse der Gesellschaft oder der Klasse der Brahmanen. Durch das Festhalten am Aussehen der oberen Klasse war die neue religiöse Organisation fähig, in der Gesellschaft der damaligen Zeit Fuß zu fassen, was sicherlich ein großer Vorteil für sie war. Zur gleichen Zeit hatte die Tatsache, daß viele der buddhistischen Mönche Intellektuelle aus der Klasse der Brahmanen waren zur Folge, daß die Organisation in vieler Hinsicht von den Bedürfnissen und Nöten der Laiengläubigen, die in den meisten Fällen niedrigerer sozialer Herkunft waren, abgeschnitten war.

Shakyamuni erschien in der Welt des alten Indien, um allen Wesen die Befreiung zu bringen, doch die religiöse Organisation, die er gegründet hatte, bestand zum Großteil aus Mitgliedern der Brahmanen- und Kshatriya- oder Herrscher-Klasse. Obwohl sie die Gleichheit aller Klassen erklärten, färbte die adelige Herkunft Shakyamunis unvermeidlich das Denken der Gruppe und erschwerte die Verwirklichung ihrer Gleichheitsbestrebungen. Dies war eine der Beschränkungen des frühen Buddhismus, wie er von Shakyamuni begründet worden war, und blieb es auch

im Buddhismus, wie er von seinen Schülern in den Jahren unmittelbar nach seinem Tod weitergeführt wurde.
Als Shakyamuni das Lotus Sutra predigte war er schon bejahrt und näherte sich dem Ende seiner Sendung. Damals war er sich wahrscheinlich dieses Mangels voll bewußt. Im fünfzehnten Kapitel des Sutra sagt Buddha zu den versammelten bodhisattvas, daß sie das Sutra nicht zu bewahren und zu schützen bräuchten, da unzählige bodhisattvas aus dem Untergrund auftauchen würden, um die Schrift zu bewahren, zu schützen, zu lesen, zu rezitieren und darzulegen. Damit hat Shakyamuni ganz bestimmt gemeint, daß der buddhistische Orden das Erscheinen von kräftigen Führern aus den unteren Schichten der Gesellschaft abzuwarten habe, bevor die Lehre von der Gleichheit aller Wesen und ihrer gleichen Fähigkeit, Buddhaschaft zu erlangen, fest und klar verankert wird.
Gerade so wie die Lotusblume wunderschöne Blüten treibt, obwohl sie im Schlamm des Teiches wurzelt, so lebt und arbeitet der wahre Praktizierende des Dharma inmitten der Verwirrung und der Geschäftigkeit des Alltaglebens, teilt die Freuden und Leiden der gewöhnlichen Menschen, und veranschaulicht auf diese Weise den wahren Geist des Lotus Sutra. Nur in dieser Weise kann er die wahre Sendung des Buddhismus weitertragen.

Nagarjuna und Vasubandhu

Nagarjunas Suche nach dem Mahayana

In den vorangegangenen Kapiteln haben wir Ereignisse diskutiert, die in den ersten fünfhundert Jahren nach dem Tod Shakyamunis stattfanden. Jetzt gehen wir zu einer etwas späteren Zeit über, um das Leben zweier wichtiger Denker zu untersuchen, die dazu beitrugen, die Lehren der Mahayana-Schule des Buddhismus zu formen und zu systematisieren. Der erste ist Nagarjuna, ein Mönch aus Südindien, der um die Mitte des zweiten Jahrhunderts n. Chr. lebte, beziehungsweise siebenhundert Jahre nach dem Tod Buddhas. Der zweite ist Vasubandhu, der im Chinesischen auch Tenjin oder »Mit dem Himmel bekannt« genannt wird und wahrscheinlich im fünften Jahrhundert n. Chr. gelebt hat. Es gibt viele Kontroversen über die genauen Daten dieser beiden Männer, die in chinesischen Buddhistischen Texten mit den Namen Ryuju und Seshin bekannt sind. Wir beschränken uns hier lediglich auf die Erörterung der wichtigsten Legenden und philosophischen Ideen, die mit ihnen in Verbindung gebracht werden.

Nagarjuna ist in der späteren buddhistischen Literatur als »Gründer der acht Schulen« berühmt. Als sich der Buddhismus in Indien entwickelte, und mit der Zeit auch nach China und später nach Japan überliefert wurde, entwickelte er verschiedene philosophische Schulen oder Sekten.

Nagarjuna wird in China und Japan als Begründer von acht derartigen Schulen verehrt. Auch wenn wir uns hier mit der genauen Beschaffenheit dieser Schulen nicht auseinandersetzen wollen, so ist dies doch ein Hinweis darauf, wie wichtig seine Rolle in der Entwicklung der philosophischen Theorie des Buddhismus gewesen ist.
Der bedeutendste philosophische Beitrag Nagarjunas war der Begriff *shunyata*, Leerheit. Dieser Begriff hat nicht nur im buddhistischen Denken Chinas und Japans eine enorme Bedeutung gehabt, sondern hat in den letzten Jahren auch die Aufmerksamkeit von westlichen Philosophen auf sich gezogen. So zum Beispiel zählt der deutsche existentialistische Philosoph Karl Jaspers im ersten Band seines Werkes »Die großen Philosophen« (1957) die fünfzehn seiner Meinung nach größten Philosophen der Welt auf, worunter sich Buddha und Nagarjuna befinden. Die verbleibenden dreizehn sind Konfuzius, Sokrates, Christus, Plato, Augustinus, Kant, Anaximander, Heraklit, Parmenides, Plotin, Anselm, Spinoza und Lao Tse. Auch wenn wir das Recht Buddhas und Nagarjunas, in einer solchen Liste zu stehen keineswegs anzweifeln, so dürfen wir dennoch nicht aus den Augen verlieren, daß sie nicht bloß Philosophen im engen Sinn des Wortes gewesen sind. Sie waren zur gleichen Zeit hervorragende religiöse Führer und Ausübende des Glaubens. Dies war auch der Grund, warum sie von der großen Bevölkerung als Buddhas oder Erleuchtete, die die Wahrheit predigten, willkommen geheißen wurden.
Nagarjuna scheint ein sehr volles und ereignisreiches Leben geführt zu haben, und wir wollen uns ansehen, was darüber bekannt ist. Unsere einzige Quelle ist ein chinesi-

sches Werk mit dem Titel *»Ryūju Bosatsu-den«* oder *»Leben des Bodhisattva Nagarjuna«*, das von Kumarajiva aus dem Sanskrit übersetzt wurde und im Band fünfzig des *Taishō Tripitaka* enthalten ist. Diesem Werk zufolge war Nagarjuna ein Sproß einer prominenten Brahmanenfamilie aus Südindien. Er hatte ein reiches Talent zu lernen, meisterte die Veden bereits in jungen Jahren und war so in den brahmanischen Lehren bewandert.

Dann erwähnt die Schrift folgendes sonderbare Ereignis. Nachdem Nagarjuna seine Studien vollendet hatte, diskutierte er mit drei Freunden, was sie als nächstes in Angriff nehmen sollten, worauf sie entschieden, von nun an den Pfad der Sinnlichkeit zu suchen. Sie machten sich die Kunst zueigen, sich unsichtbar zu machen, und begannen dem Harem des Herrschers heimliche Besuche abzustatten. Eine schöne Gespielin des Königs nach der anderen wurde bestürmt und zum Erstaunen des Königs wurden einige schwanger. Eines Abends hatte der König Sand vor dem Harem ausbreiten lassen, und wartete mit einem Haufen Soldaten auf die Eindringlinge. Obwohl die vier jungen Männer unsichtbar waren, erschienen ihre Fußabdrücke im Sand, als sie einzutreten versuchten. Die Soldaten stürzten ihnen nach, die Luft mit ihren Waffen zerfetzend. Erbärmliche Schreie waren zu hören, und drei der jungen Männer fielen tot zu Boden. Nur Nagarjuna schaffte es, einer Verletzung zu entgehen, indem er sich eng an die Person des Königs drückte, und er war schließlich imstande, unbehelligt aus dem Königspalast zu entkommen. Die Folge war, daß er Leidenschaft und Verlangen als die Quelle des Leids erkannte, und sich daraufhin entschied, ein buddhistischer Mönch zu werden.

Was immer wir über die Glaubwürdigkeit dieser Geschichte denken, es besteht kein Zweifel darüber, daß Nagarjuna ein Mann von sehr starker und ungewöhnlicher Persönlichkeit war. Dies wird durch die Ursprünglichkeit des sogenannten *Madhyamika* oder der Lehre von der Mitte anschaulich, die Philosophie, die er als Systematisierung der Vorstellung von der Leerheit entwickelte, die man in den Schriften des Mahayana findet. Es ist diese Philosophie, die ihm den Ruhm eintrug, eine der wichtigsten Gestalten des Weltdenkens zu sein.

Die Übersetzung seiner Biographie durch Kumarajiva berichtet, daß er, nach der Beendigung seiner Studien des Brahmanismus, ein buddhistischer Mönch wurde, und die Sutren, Regeln der Disziplin und Abhandlungen, die drei traditionellen Abteilungen des buddhistischen Kanons, in einer Zeit von neunzig Tagen las. Doch dies befriedigte ihn nicht, worauf er sich auf die Reise machte, um ein tieferes Verständnis des Dharma zu finden. Seine Fahrten führten ihn in den nördlichsten Teil Indiens, wo er tief in den Bergen des Himalaya auf einen buddhistischen Stupa stieß. Dort erhielt er von einem alten Mönch Exemplare einiger Mahayana-Schriften, die er mit großer Anteilnahme las, doch wurde er das Gefühl nicht los, daß es irgendwo noch eine tiefere Wahrheit zu entdecken gäbe. Um sie zu finden reiste er durch Indien, debattierte mit verschiedenen Philosophen und suchte zugleich nach weiteren Mahayana-Schriften. Angesichts der Schwierigkeiten mit denen Reisen zu jener Zeit verbunden waren müssen sie auch beträchtliche Entbehrungen mit sich gebracht haben. Doch er ließ nicht ab davon und widmete schließlich fast die gesamte erste Hälfte seines Lebens der

Suche nach dem wahren Dharma. Seine Entschlossenheit wurde letztlich belohnt, da sie ihn zum höchsten Gipfel der Mahayana-Lehren führte, die durch das Lotus Sutra verkörpert werden.

Der Weg, der Nagarjuna zum Lotus Sutra führte, mag ein wenig abwegig erscheinen und doch war er höchstwahrscheinlich nicht zu vermeiden. In der Welt des indischen Buddhismus, siebenhundert Jahre nach dem Tod Shakyamunis, hatten die Hinayana-Schulen, vor allem die als Theravada oder Sarvastivada bekannten, immer noch eine ziemlich mächtige und bedeutende Stellung inne. Verschiedene Mahayana-Schriften waren schon erschienen, um die Ansichten und Praktiken des Hinayana herauszufordern. Aber die Tatsache, daß Nagarjuna ganz Indien zu bereisen hatte, um die Schriften des Mahayana zu suchen, ist ein Hinweis darauf, daß die Zentren der Mahayana immer noch über verschiedene Gegenden verstreut waren. Ferner war noch kein wirklich hervorragender Philosoph oder religiöser Führer erschienen, um einen wirksamen Angriff auf den Hinayana anzuführen. Diese Aufgabe blieb Nagarjuna vorbehalten. Mit seiner frühen Schulung im Brahmanismus, in den Hinayana-Lehren und seinem späteren Eintreten für den Mahayana war er dazu wie geschaffen.

Auch wenn dies in den Bereich der reinen Spekulation gehört, so fragt man sich, was aus dem Buddhismus geworden wäre, wenn Nagarjuna nicht aufgetreten wäre. Sicherlich hätten die umfangreichen Lehren und Schriften des Buddhismus China und Japan in keiner annähernd so systematischen Form erreicht, wie das der Fall war. Es stimmt, daß der chinesische Mönch Chih-k'ai oder Chih-i, der Begründer der T'ien-t'ai-Schule, viel getan hat, um die Lehre des Buddhismus zu systematisieren und um sie philosophisch zu verfeinern, doch ist es schwer zu sagen, wie erfolgreich seine Bemühungen gewesen wären, wenn er nicht das Werk Nagarjunas gehabt hätte, um darauf aufzubauen. Es ist möglich, daß ohne den Einfluß Nagarjunas der Mahayana niemals die dominierende Schule des indischen Buddhismus geworden wäre oder daß die Hinayana-Lehre in China viel länger als Rivale des Mahayana überlebt hätte, als dies der Fall war.

Auf jeden Fall steht die ungeheure Bedeutung der Werke Nagarjunas unbestritten da. Es überrascht nicht, daß er infolgedessen später als »Zweiter Buddha« bezeichnet wurde. Sein besonderer Beitrag scheint darin zu liegen, die vielen Zentren der Mahayana-Tätigkeiten zu besuchen, die meist voneinander isoliert waren, und ihnen zu helfen, die verschiedenen Schriften und Lehren, die sich in ihrem Besitz befanden, gemeinsam zu nutzen, zu systematisieren und ihre Haltung ihren Rivalen des Hinayana gegenüber zu klären. Er vollbrachte dies auf seinen Reisen durch Indien, arbeitete an der Formung und Führung der Mahayana-Bewegung, während er zugleich seine Lehren darlegte und nach weiteren Schriften suchte. Zusätzlich debattierte er mit den Vertretern des Hinayana und nichtbuddhistischer Sekten und wies ihnen die Trugschlüsse ihrer Ansichten nach.

Gemäß seiner Biographie, die von Kumarajiva übersetzt wurde, wurde Nagarjuna schließlich von Mahanaga oder dem großen Drachen-Bodhisattva zum Palast des Drachenkönigs geführt, wo er »die verschiedenen Mahayana-Schriften erhielt, die tiefschürfendsten Schriften, den wunderbaren Dharma, der unermeßlich ist«. Durch ihre Lektüre war er fähig, die tiefsten Wahrheiten des Gesetzes zu erfassen. Die Silbe *Naga* oder Drachen in seinem Namen, die durch die Silbe *Ryū* in seinem chinesischen Namen Ryūju dargestellt wird, sollen angeblich auf dieses Ereignis zurückzuführen sein. Wir können annehmen, daß die Erleuchtung, die er bei dieser Gelegenheit erlangte, der höchsten Stufe angehörte. Nebenbei sei bemerkt, daß der zweite Teil seines Namens *arjuna*, von einer Baumart stammt, die in Indien bekannt ist. Seine Mutter soll ihn unter einem solchen Baum geboren haben, weshalb dies ein Teil seines Namens wurde, wobei die zwei Elemente *naga* und *arjuna* sich zur Gestalt von Nagarjuna vereinen. Im Chinesischen wurde das Element *arjuna* einfach als *ju* oder Baum übersetzt.

Die »profundesten Schriften«, die von Nagarjuna geprüft worden waren, scheinen fast alle Schriften der Mahayana-Schule eingeschlossen zu haben. Dies wird verdeutlicht durch die Zitate aus diesen Texten, die über sein ganzes riesiges Werk verteilt sind. Er war tatsächlich ein großer Sammler und Kodifizierer von Buddhistischen Schriften und Lehren. Seine Texte enthalten den Keim fast jeder möglichen philosophischen Theorie oder Position. Dies hatte zur Folge, daß die Vertreter verschiedener späterer Sekten ihn zum Vater ihrer Ideen erklärten, in der Hoffnung, auf diese Weise ihre Lehren zu legitimieren. Doch ist dies, wenigstens in meinen Augen, ein Mißbrauch seiner Schriften. Wenn man sich mit ihm beschäftigt, so sollte man eine großzügigere Einstellung haben als diese kleinlichen Sekten-Überlegungen. Man sollte versuchen zu entdecken, wie er das Wesen des Mahayana-Buddhismus definiert hat oder wie er den wahren Geist des Mahayana-Bodhisattva herausstreicht. Mit diesen Fragen im Hintergrund will ich jetzt einige der philosophischen Vorstellungen Nagarjunas untersuchen.

Die Theorien der Lehre der Mitte und der Leerheit

Die von Kumarajiva übersetzte Biographie Nagarjunas beschreibt seine Tätigkeit wie folgt: »Er sorgte für ein klares Verständnis des Mahayana im ganzen Land, schrieb die ›Hunderttausend Verse von *Ubadeisha*‹ [Kommentar], die ›Fünftausend Verse über das *Sōgon Butsudō-ron*‹, die ›Fünftausend Verse über das *Dayi ben-ron*‹ und die ›Fünftausend Verse über das *Chū-ron*‹, wodurch er die Lehren des Mahayana in Indien zu großer Blüte führte. Er schrieb auch die ›Hunderttausend Verse über *Mui-ron*‹.« Die genaue Identität und der Inhalt dieser Werke brauchen uns hier nicht weiter zu interessieren. Was aber bedeutend ist, ist die Tatsache, daß das *Tripitaka* im Chinesischen eine Sammlung von Werken enthält, die dem »Bodhisattva Nagarjuna« zugeschrieben wird und insgesamt zwanzig Werke mit 154 Kapiteln umfaßt. Man sagt, Nagarjuna soll hundert, hundertfünfzig oder gar zweihundert Jahre alt geworden sein, aber selbst dann wäre dies immer noch eine umwerfende Leistung für einen einzigen Menschen.

Tatsache ist aber, daß die Sammlung, auch wenn sie ohne Zweifel Werke von Nagarjuna selbst enthält, daneben auch

Schriften von anderen vorstellt, die aus dem einen oder anderen Grund ihm zugeschrieben wurden. Sogar im Fall des berühmten *Mahaprajna-paramitapadesha* oder *Daichido-ron,* einem hundert Kapitel langen Kommentar über das Mahaprajna-paramita Sutra, der früher zitiert wurde, gibt es heute gewisse Zweifel, ob es das Werk Nagarjunas gewesen ist. Nichtsdestotrotz kann es keinen Zweifel geben an der allerhöchsten Qualität dieser philosophischen Werke über die Mahayana-Lehre, die unter dem Namen Nagarjunas laufen.

Der japanische buddhistische Wissenschaftler Mitsuyoshi Saigusa teilt die Schriften Nagarjunas in einer Besprechung ihrer großen philosophischen Bedeutung in fünf Kategorien. Die erste besteht aus dem *Chū-ron* oder *Madhyamika-karika,* dem *Jū'nimon-ron* oder *Dvadashanikaya-shastra* und dem *Kū-shichijn-ron* oder Shunyata-saptati. Es sind die Werke dieser ersten Kategorie, die Nagarjunas berühmtes Konzept vom *Chū-ron* oder »Lehre der Mitte« zum Ausdruck bringen, obwohl Hinweise auf dieses Konzept auch in anderen Werken gefunden werden können, wie etwa dem *Daichido-ron.* Am wichtigsten ist das *Chū-ron* in vier Kapiteln, das aus Versen Nagarjunas und aus einem Kommentar eines anderen Mönches namens Pingala besteht.

Das *Chū-ron* beginnt mit einem Grußvers, der folgendermaßen lautet:

Das bedingte Entstehen,
das nicht zerstört wird,
entsteht nicht,
wird nicht abgetrennt,

ist nicht von Dauer,
ist nicht einzeln,
ist nicht in der Mehrzahl,
kommt nicht,
geht nicht–
dies ist das höchste Gut,
das über die leeren Worte hinausragt:
Also sprach der Buddha.
Ich grüße ihn,
den hervorragendsten
der Lehrer des Weges.

Es wird hier sofort das sogenannte *Happu-chūdō* oder »Der mittlere Weg der achtfachen Verneinung« vorgestellt, das aus acht Verneinungen besteht, nämlich Nicht-Geburt, Nicht-Auslöschen, Nicht-Aufhören, Nicht-Beständigkeit, Nicht-Uniformität, Nicht-Verschiedenheit, Nicht-Kommen und Nicht-Gehen.

Was zuerst auffällt an dieser achtfachen Verneinung, die uns ins Zentrum des Denkens Nagarjunas führt, ist, daß das Wort »acht« nicht als Beschränkung verstanden ist. Die Bedeutung ist nicht: »acht Verneinungen, nicht mehr und nicht weniger«, sondern eher »viele Verneinungen« oder sogar »Unzählige Verneinungen«. Durch diesen Vorgang der Verneinung jeder möglichen Vorstellung gelangt man zu einem Verständnis von *shunyata* oder »Leerheit«, die das Zentrale von Nagarjunas Philosophie der Lehre der Mitte darstellt.

Es ist aber sehr wichtig festzuhalten, daß das *kū* oder »Leerheit«, zu dem man durch diesen Vorgang des Verneinens gelangt, nicht dasselbe ist, wie bloßes »Nichtsein«. Es wird als »leer« bezeichnet, da wir alle möglichen Eigenschaften oder Prädikate verneint haben, die verwendet werden könnten, doch ist es in seinem Wesen vollkommen verschieden von der Art des Nichtseins, die gewöhnlich mit dem Nihilismus in Verbindung gebracht wird. Ein solches Nichtssein oder Nichtsein, was das Gegenteil von Sein ist, würde natürlich im Denken Nagarjunas mit allen anderen Vorstellungen verneint werden. Die wahre »Leerheit« der Lehre Nagarjunas von der Mitte ist deshalb ein Nichtsein, das beides, Sein und Nichtsein überschreitet.

Nichts kann aus dem Nichts heraus geboren werden. Aber aus der »Leerheit«, der Lehre der Mitte, die eine Art unbegrenztes Potential ist, kann alles und jedes geboren oder gemacht werden, je nachdem welche Ursachen zusammenkommen. Verschiedene Gegenstände und Phänomene scheinen für den gewöhnlichen Beobachter aus dem Nichts zu kommen. Was dem aber vorangeht, ist eigentlich nicht Nichtssein, sondern der Zustand von *kū* oder Potentialität, den Nagarjuna beschrieben hat.

Der philosophische Hintergrund dieses Begriffes der »Leerheit« geht auf die sogenannte zwölffache Kette des bedingten Entstehens zurück, die von Shakyamuni gepredigt wurde, und die ich in meinem vorangegangenen Band beschrieben habe. Demgemäß gibt es kein Wesen oder kein Ding welches aus sich heraus in der Welt existiert. Alle stehen mit anderen Wesen oder Ereignissen durch die Kette der Bedingung in Verbindung. Nagarjuna demonstriert diesen Aspekt der gegenseitigen Abhängigkeit in seinem *Chū-ron* im zehnten Abschnitt, durch das Beispiel von Feuer und Brennholz. Es ist eine schlagend einfache und zugleich vertraute Analogie und zugleich eine, die hilft den schwierigen und vielschichtigen Begriff der »Leerheit« zu klären, wie er in dieser Lehre vom Weg der Mitte vorkommt. Was also sagt die Analogie?

Dem Argument zufolge, das Nagarjuna vorträgt, kann das Feuer nicht brennen, wenn es kein Brennholz zur Nahrung hat. In diesem Sinn braucht es das Holz, um zu bestehen. In ähnlicher Weise kann das Brennholz nicht Brennholz genannt werden, wenn es kein Feuer gibt. Sonst würde es bloß »Stück Holz« genannt werden. Mit anderen Worten, weder Feuer noch Brennholz können von sich behaupten irgendeine Existenz unabhängig voneinander zu haben. Doch zugleich kann man nicht von ihnen sagen, sie hätten überhaupt keine Existenz. Sie existieren im Zustand der Leerheit oder der Potentialität und warten aufeinander, um in den Zustand der eigentlichen Existenz zu kommen. Alles Sein teilt dieses abhängige Schicksal, durch Ursache zu entstehen. Das ist es, was mit dem Begriff von *kū* oder Leerheit beschrieben wird. Es ist weder Sein noch Nichtsein, sondern ein Zustand, der beides überschreitet.

Auch wenn solche Begriffe wie Ursache und Leerheit scheinbar die Natur aller Wesen und den Vorgang, durch den sie entstehen, weg-erklären, sollte man sich hüten zu glauben, daß die Situation wirklich so einfach ist. Achten wir sorgfältig darauf, was Nagarjuna sagt: »Wir sprechen davon, daß alle Dinge leer sind, die von ihrem Entstehen abhängig sind. Doch diese ›Leerheit‹ ist nicht mehr als eine relative Hypothese. Dies ist der wahre Weg der Mitte.« Das heißt, genauso wie der Begriff der »Leerheit« daraus-entsteht, sowohl Sein als auch Nichtsein verneint zu haben, so muß auch der Begriff der »Leerheit« verneint werden. Der wahre Weg der Mitte besteht daher aus der ständigen

Verneinung. Es ist ein Versuch, die gegenseitige Abhängigkeit von Potentialität und Standpunkt zu beschreiben, indem man fortwährend das formuliert, was nicht ist.
Ein Grund für diese Betonung der Negation im Denken Nagarjunas kann in den vorherrschenden Meinungen des buddhistischen Denkens jener Zeit gefunden werden. Die zweite Kategorie der Schriften Nagarjunas, wie von Mitsuyoshi Saigusa in seinen oben erwähnten fünf Kategorien definiert, umfaßt die Werke mit dem Titel *Vigraha-vyavartani* oder *Ejō-ron* und *Yukti-shashthika-karika* oder *Rokujūjunyori-ron.* Diese Werke verfolgen den Zweck, die Ansichten der Theravada- oder Sarvastivada-Schule des Hinayana-Buddhismus zu bekämpfen. Diese Schule, die zur Zeit Nagarjunas immer noch sehr mächtig war, bestand auf der letztendlichen Wirklichkeit aller Phänomene und bemühte sich um die Darstellung des *Abhidharma*, um diese Ansicht zu untermauern. Nagarjuna versuchte die Irrtümer ihrer Behauptungen durch die Darlegung seiner eigenen Ansicht über die »Leerheit aller Phänomene« nachzuweisen.

Zusätzlich griff er nicht nur die Irrlehren innerhalb des Buddhismus selbst an, sondern wandte sich auch den Theorien der nichtbuddhistischen philosophischen Schulen zu und bemühte sich sehr, diejenigen zu widerlegen, die den Begriff der Leerheit nihilistisch interpretierten.

Schließlich und endlich, wie bereits erwähnt, betonte Nagarjuna die Notwendigkeit, sich jenseits der festen Begriffe zu bewegen. Im *Chū-ron* stellt er fest: »Die verschiedenen Buddhas haben zuweilen das Bestehen eines Ego, zuweilen das Bestehen eines Nicht-Ego und zuweilen das

Nicht-Bestehen weder von Ego noch von Nicht-Ego gelehrt.« An einer anderen Stelle sagt er: »Diejenigen, die an der Ansicht von ›Nur Leerheit‹ festhalten, sind unheilbar!« Das heißt, man muß nicht nur die Begriffe von Sein und Nichtsein verneinen, sondern auch den der Leerheit. Denn nur dadurch kann man die Abwesenheit einer Selbst-Natur, die alle Dinge kennzeichnet, die wahre Natur der »Leerheit«, verstehen.

Was Nagarjuna hier zum Ausdruck bringen will ist, daß man kein Gefangener von bloßen Wörtern wie »abhängige Ursache« oder »Leerheit« werden soll, wodurch man die Dharmas oder Phänomene der Welt so interpretiert, als hätten sie irgendeine unwiderrufliche, feste Natur. Tut man dies, so verliert man automatisch die wahre »Leerheit« oder das Fehlen jeglicher definierbaren Eigenschaften, die ihr Wesen ausmachen würden, aus den Augen. Deshalb besteht Nagarjuna darauf, daß man solche Begriffe wie die abhängige Ursache, die von Shakyamuni gelehrt wurde, oder wie die Lehre vom Weg der Mitte, die er selbst gelehrt hat, nicht bloß mit Wörtern allein verstehen kann. Vielmehr sind sie Ideale, die durch die unaufhörliche Übung des Weges des Buddhas verwirklicht und konkretisiert werden müssen. Seine Philosophie sollte nicht als ein System intellektueller Begriffe verstanden werden, sondern als ein Aktionsprogramm.

Man darf nicht vergessen, daß die meisten der zahlreichen Werke Nagarjunas in der Tat das Ergebnis von Debatten sind, die er mit seinen Zeitgenossen abgehalten hat, und nicht die Frucht einsamer Spekulation. Außerdem sind viele davon der Beschreibung verschiedener Übungen für einen bodhisattva des Mahayana-Glaubens gewidmet.

Das *Mahaprajna-paramitopadesha* oder *Daichido-ron* ist mehr eine Art Enzyklopädie der Buddhistischen Philosophie, die in ihren hundert Kapiteln auch die Entwicklung des Autors widerspiegelt, der von seinen jugendlichen Studien des Brahmanismus zu einer Vorliebe für die *Abhidharma*-Abhandlungen des Hinayana fortschritt und dann, nach vielen Reisen quer durch das Land, zu einem strengen Studium der vielen Mahayana-Schriften fand, die der Autor erfolgreich aufgefunden und sich angeeignet hatte. Descartes (1596–1650), nachdem er in so vielen Ländern herumgereist war, kam zu seinem berühmten Schluß: »Cogito, ergo sum« (Ich denke, also bin ich). Nagarjuna gelangte nach seiner ausgiebigen Suche nach den Schriften des Mahayana zu dem Schluß: »Alle Dinge sind leer.« Ersterer wird als Begründer der modernen Philosophie des Westens angesehen, letzterer als der Vater der buddhistischen Philosophie, wie sie in Ostasien bekannt ist.

Heutzutage beginnen sich westliche Philosophen sehr für das buddhistische Denken und insbesondere für die Philosophie Nagarjunas zu interessieren. Es gibt viele Gründe, die man anführen kann, um diese höchst bemerkenswerte Erscheinung zu erklären. Dazu gehört die Tatsache, daß Nagarjuna, obwohl er weit über tausend Jahre vor Descartes lebte, bereits einen vernichtenden Angriff auf das übermäßige Interesse am Begriff des Seins gestartet hatte, einem Begriff, der für die westliche Philosophie grundlegend ist. Es ist deshalb kein Wunder, daß die Philosophen des Westens jetzt, da sie der Bedeutung dieser Leistung gewahr werden, bestrebt sind, ein größeres Verständnis seiner Ansichten zu erlangen.

Wir wollen uns im folgenden anderen großen Philosophen des indischen Buddhismus zuwenden: Vasubandhu und seinem älteren Bruder Asanga.

So wie Nagarjuna waren auch Vasubandhu und Asanga Söhne einer vornehmen Brahmanenfamilie. Sie wurden in Purusharpura, im nordindischen Staat Gandhara geboren, dem heutigen Peshawar, wahrscheinlich im fünften Jahrhundert n. Chr. Ihr Vater Kaushika war ein hervorragender brahmanischer Lehrer des Staates Gandhara. Sie hatten noch einen jüngeren Bruder namens Buddhasimha. Vasubandhu und Asanga sind in den chinesischen Übersetzungen buddhistischer Schriften unter den Namen Seshin und Mujaku bekannt.

Alle drei jungen Männer waren zwar im Brahmanismus ausgebildet worden, kehrten aber dem Glauben ihres Vaters den Rücken und wurden Mönche der Theravada-Schule des Hinayana-Buddhismus. Diese Tatsache verdient besondere Aufmerksamkeit, da sie darauf schließen läßt, daß der Brahmanismus, obzwar er weiterhin als etablierte Religion des indischen Lebens eine bedeutende Rolle spielte, aufhörte, die Lebendigkeit und Herausforderung zu bieten, die die geistigen Ansprüche der Jugend befriedigt hätte. Feinfühlige und intelligente Jugendliche wie etwa Vasubandhu und seine Brüder, wandten sich auf der Suche nach einer fortschrittlicheren Lehre, die ihnen volles geistiges Wachstum als Individuen erlaubt hätte, zunehmend dem buddhistischen Glauben zu.

Es muß für Kaushika ein Schock gewesen sein, mitansehen

zu müssen, wie seine drei Söhne die Religion ihrer Vorväter fallen ließen und sich zum Buddhismus bekehrten, obwohl dies mit der damaligen Zeit im Einklang stand. Außerdem wird ein Vater, der sich die wirklichen Interessen seiner Kinder zu Herzen nimmt, auf lange Sicht gesehen Freude daran haben, daß seine Kinder ehrgeizigere und abenteuerlichere Wege einschlagen, als er dies getan hat, im Bewußtsein, daß sie gerade dadurch dem Geist treu bleiben, in dem er sie zu erziehen trachtete.

Die geistige Suche von Vasubandhu und seinem Bruder Asanga endete nicht mit ihrer Bekehrung zum Buddhismus des Hinayana, sondern wir finden sie bald dem Mahayana-Buddhismus zugewandt. Auch wenn die beiden Schulen im damaligen Indien Seite an Seite bestanden, so erweckt die Tat der beiden Brüder doch den Eindruck, daß der Mahayana für sie die dynamischere und anziehendere der beiden war.

Wir sprechen von der Hinayana- und der Mahayana-Schule, als hätte diese saubere Trennung des Buddhismus schon immer bestanden. Sogar die Ausdrücke, die wir verwenden, bringen ein Werturteil zum Ausdruck, da die Worte »Hinayana« und »Mahayana« »Kleines Fahrzeug« und »Großes Fahrzeug« bedeuten. Im fünften Jahrhundert n. Chr. war aber die Lage ganz anders. Die Vormachtstellung des Mahayana war in keiner Weise eine anerkannte Tatsache. Es muß ein gehörige Portion Mut und Überzeugung auf Seiten Vasubandhus und Asangas dazu gehört haben, der Theravada-Sekte den Rücken zu kehren und in die Reihen der viel neueren Mahayana-Bewegung zu treten. Sie haben ihre Entscheidung nie bereut und für den Rest ihres Lebens wendeten sie all ihre Kraft auf, um die

Hinayana-Lehren zu widerlegen, und arbeiteten an der Systematisierung der Lehren des Mahayana, wobei sie in ihrem Eifer und in ihrer Hingabe niemals erlahmten.
Asanga oder Mujaku soll in seiner frühen Zeit als Buddhist die Hinayana-Sicht der Leerheit studiert haben, wie sie von den Schülern des *Abhidharma* dargelegt wurde. Er fand dies aber nicht zufriedenstellend und reiste mit Hilfe seiner übernatürlichen Kräfte in den Tushita-Himmel, wo er den Bodhisattva Maitreya traf und zum ersten Mal die Mahayana-Sicht der Leerheit meisterte.
Der Bodhisattva Maitreya, der im Tushita-Himmel wohnt, dem vierten der sechs Himmel der Welt des Verlangens, wird oft als Buddha der Zukunft bezeichnet, da vorausgesagt wurde, daß er fünf Milliarden sechshundertsiebzig Millionen Jahre nach dem Tod Shakyamunis auf diese Welt kommen wird. Er soll dann Buddhaschaft erlangen und als Thathagata Maitreya bekannt werden. Nach den herkömmlichen Erzählungen, denen wir gefolgt sind, erschien er Asanga jeden Abend und vermittelte ihm Einsichten in die tiefsten Lehren der Mahayana Schriften.
Angesichts der mythischen und phantastischen Elemente in den buddhistischen Schriften fragt man sich, wie man eine Stelle wie diese, wo sich ein imaginäres Wesen und eine historische Person treffen, bewerten soll. Wenn wir den buddhistischen Kanon untersuchen, dann werden wir eine Menge von Schriften finden, die Maitreya zugeschrieben werden, wie etwa *Daijō shōgonkyō-ron, Chūhen bumbetsu-ron, Hōhōshō bumbetsu-ron, Gengon shōgon-ron* und *Yugashiji-ron*. Man mag vermuten, sie seien nur von Asanga zusammengestellt worden, der sie seinem Lehrer, dem Bodhisattva Maitreya zuschrieb. Doch gibt es wichtige Hinweise, die

vermuten lassen, sie hätten bereits vor Asanga bestanden. Meine eigene Vermutung ist, daß Maitreya eine wirkliche Person gewesen ist, die als Lehrer Asangas agierte. Es ist nicht unwahrscheinlich, daß Asanga ihn aus Gründen der Verehrung und Bewunderung mit dem Namen Maitreya bezeichnete, womit er andeuten wollte, es handle sich um eine Reinkarnation des Bodhisattva Maitreya. Es sei angemerkt, daß der hervorragende Buddhologe Hakuju Ui ebenfalls Maitreya als historische Persönlichkeit ansieht, wenn er auch hinzufügt, daß die ganze Geschichte des frühern Buddhismus in Indien nur wenig mehr ist, als ein Gewebe von Vermutungen.

Wenn wir auch häufiger über die Rätsel und Inkonsequenzen, die die buddhistische Geschichte umgeben, aber auch über die Fülle der Wunder überrascht sein mögen, dürfen wir dennoch nicht vergessen, daß diese äußerlichen Eigenschaften die Gültigkeit der religiösen und philosophischen Wahrheiten, die sie verkörpert, nicht berühren. Die Schriften sprechen davon, »mit dem Glauben die Weisheit ergänzen«. Es ist eine grundlegende Behauptung der buddhistischen Lehre, daß der Mensch, der einen vollkommenen Glauben in den Dharma hat und ihn ohne Zweifel oder Mißgunst praktiziert, am Ende Buddhaschaft erlangen wird. Mit anderen Worten, der einzige Weg zum Verständnis des Buddhismus ist der durch Erfahrung und Weisheit, die durch die Praxis erworben wird.

Asanga wurde in den Mahayana-Lehren unterrichtet, wie wir gesehen haben, von Maitreya, vielleicht dem berühmten »Buddha der Zukunft«, vielleicht einem Mönch dieses Namens. Es gibt auch eine bekannte Anekdote über die

Bekehrung seines jüngeren Bruders Vasubandhu zum Buddhismus.

So wie Asanga begann auch Vasubandhu seine religiöse Laufbahn als Anhänger der Sarvastivada-Sekte des Hinayana-Buddhismus. Er war nicht so scheu und zurückgezogen wie sein älterer Bruder, forderte kühn die Vertreter der verschiedenen nichtbuddhistischen Philosophien zu Debatten heraus und gelangte bald zu beträchtlichem Ruhm. Vasubandhu studierte gründlich das *Abhidharma*, die philosophischen Abhandlungen der Saravastivada-Sekte, und stellte ein Werk mit dem Titel *Abhidharma-kosha-shastra* oder *Abidatsuma-kusha-ron* zusammen, das eine systematische und umfassende Erörterung der darin enthaltenen Philosophie darstellt. So wurde er der unübertroffene Meister der Hinayana-Philosophie im Indien seiner Zeit. Doch wird uns berichtet, daß Vasubandhu, als er eines Abends einen Schüler seines älteren Bruders das *Dashabhumika* aufsagen hörte, das Sutra von den zehn Stufen, einem Kapitel des Avatamsaka Sutra, das die zehn Stadien des bodhisattva beschrieb, auf einmal die Erleuchtung erlangte. Voller Reue darüber, wie er bis dahin die Mahayana-Schriften verleumdet hatte, bat er seinen älteren Bruder, ihm zur Buße beim Herausschneiden seiner Zuge zu helfen. Doch Asanga überzeugte ihn davon, von einem solchen überstürzten Akt Abstand zu nehmen, und hielt ihn dazu an, stattdessen seine Zunge dazu zu benützen, die Mahayana-Schriften zu loben, die er früher verleumdet hatte. Daraufhin gelobte Vasubandhu, daß er nie mehr, nicht einmal im Spaß, die *Agamas* oder Hinayana-Sutren aufsagen würde und begann eine neue Laufbahn als Vertreter der Mahayana-Philosophie.

In der Welt des Buddhismus des fünften Jahrhunderts in Indien gab es eine fortwährende Kontroverse zwischen der Madhyamika-Schule des Mahayana, die vor der Zeit von Nagarjuna gegründet worden war, und den Hinayana-Sekten wie etwa den Sarvastivada und den Sautrantika, letztere ein Ableger der Sarvastivada. Asanga übernahm und erweiterte, gemäß den Lehren seines Lehrers Maitreya, die Mahayana-Philosophie, indem er entwickelte, was später als Yogachara oder Weg der Yoga-Schule bekannt wurde und auch Vijnanavada oder Lehre des Bewußtseins genannt wird. Während Asanga hiermit beschäftigt war, erklärte sein jüngerer Bruder Vasubandhu die Hinayana-Lehren und tat sein Bestes, um die Mahayana-Lehren zu verunglimpfen. Nach seiner jähen Bekehrung, bei der er seine früheren Taten zutiefst bereute und von seinem älteren Bruder Vergebung erhielt, gesellte er sich Asanga als Lehrer der Mahayana-Philosophie hinzu.

Vordergründig betrachtet verrät die Anekdote die Zuneigung, die zwischen den beiden Brüdern bestand, besonders die Nachsicht und Ermunterung Asangas seinem jüngeren Bruder gegenüber. Auf einer tieferen Ebene offenbart sie einen Geist der Barmherzigkeit und Toleranz, der so typisch für den Mahayana-Buddhismus ist. Die zentrale Lehre des Mahayana-Buddhismus ist eine Art Mitleid, das fähig ist, alle Formen des Lebens, alle Formen des Seins, zu umfassen und zu unterstützen. Im Gegensatz dazu neigt der Hinayana-Buddhismus dazu, ziemlich streng und kompromißlos in seiner Herangehensweise zu sein, indem er darauf besteht, daß das Schlechte und Verblendete gnadenlos abgetrennt werden muß. Dies ist einer der entscheidenden Unterschiede zwischen den beiden buddhistischen Richtungen.

Eine letzte Lehre läßt sich aus der Anekdote ziehen, die durch Vasubandhus Entscheidung verkörpert wird, sich die eigene Zunge herauszuschneiden, weil er früher die Lehren des Mahayana verächtlich gemacht hatte. Auch wenn er glücklicherweise von seinem Bruder daran gehindert wurde, sollten wir nicht vergessen, daß ein echter Wahrheitssuchender, wenn er in die tiefsten Grundsätze der buddhistischen Lehre eindringen will, jederzeit von Entschlossenheit und Willenskraft durchdrungen sein muß. Halbherzigkeit führt nicht zum Ziel.

So wurde Vasubandhu wie sein älterer Bruder Asanga ein Philosoph der Schule des Mahayana. Man sagt, er habe fünfhundert Werke verfaßt, als er dem Hinayana anhing, und weitere fünfhundert Werke, nachdem er zum Mahayana übergetreten war. Deshalb ist er in die Geschichte des Buddhismus als »Philosoph der Tausend Werke« eingegangen.

Asanga soll angeblich mit fünfundsiebzig und Vasubandhu mit achtzig Jahren gestorben sein. Die Schule der Yogachara-Philosophie, die von den beiden Brüdern gegründet worden war, wurde später unter dem Namen Yuishiki oder Nur-Bewußtsein-Sekte nach China gebracht und blühte in Indien weiter bis zum Niedergang und Beinahe-Verschwinden des Buddhismus.

Zusammen mit der Madhyamika-Schule des Mittleren Weges des Nagarjuna stellte es eine der beiden wichtigsten philosophischen Richtungen des Buddhismus dar.

Es wird berichtet, Vasubandhu habe achtzig Jahre seines Lebens unermüdlich für den Dharma gearbeitet, mit anderen debattiert, geschrieben und die Lehren des Buddhismus verbreitet. Er war – wie wir gesehen haben – als »Philosoph der Tausend Werke« bekannt, auch wenn nicht alle tausend Werke, wenn sie überhaupt alle existiert haben, bis in die Gegenwart weitergereicht wurden. Ich möchte jedoch einige der Hauptwerke, die erhalten geblieben sind, untersuchen und den Versuch anstellen, seine Bedeutung in der Geschichte und in der Philosophie des Buddhismus zu bewerten.

Unter seinen Schriften über die Hinayana-Philosophie ist der bekannteste Text zweifellos das *Abhidharma-kosha-shastra,* welches bereits erwähnt wurde und das *Jōgō-ron,* ein Werk, das sich mit dem Begriff des Karma beschäftigt. Seine bekanntesten Mahayana-Werke sind das *Yuishiki-nojū-ron* und das *Yuishiki-sanjū-ron,* die eine systematische Darlegung der Ideen des Yogachara oder der Nur-Bewußtsein-Schule beinhalten. Er trug auch viel dazu bei, Ideen, die in früheren Werken vorgestellt worden waren, die man Asanga und Maitreya zugeschrieben hat, zu erhellen und zu erweitern und schrieb in diesem Zusammenhang eine Menge Kommentare. Schließlich schrieb er Kommentare über die wichtigsten Mahayana-Schriften wie das *Kongo-kyō* oder Diamanten-Sutra, das *Hoke-kyō* oder Lotus Sutra, das *Jūjikyō* oder Sutra der zehn Stufen und das *Muryōju-kyō* oder *Sukhavativyuha.* In diesen Werken behandelt er Fragen wie nach der Natur und den zehn Stufen des bodhisattva,

nach den sechs *paramitas* und das *thathagata-garbha* oder die allen Wesen eigene Buddhanatur.
Von diesen Werken sei zuerst das *Abhidharma-kosha-shastra* betrachtet oder Kusha-ron, wie es in Japan bezeichnet wird. In diesem Werk, das Vasubandhu noch schrieb, als er der Sekte der Sarvastivadin des Hinayana angehörte, gibt er eine kritische Bewertung der Lehren dieser Sekte über die *Abhidharma*-Abhandlungen, wobei er die Irrtümmer, die er zu erkennen meint, korrigiert. Bereits in diesem frühen Lebensabschnitt wird es klar, daß er die Neigung der Hinayana-Sekten, Logik und Lehre nur um der Diskussion willen zu diskutieren, mißbilligt. Demgemäß versuchte er, zum Geist der ursprünglichen Lehren Shakyamunis zurückzukehren.
Zur Zeit Vasubandhus waren die Hinayana-Sekten, insbesondere die Sarvastivadin bereits fest im indischen Buddhismus etabliert und befanden sich bereits auf demWeg zur Stagnation, institutionell ebenso wie in ihren Lehren. Die Sarvastivadin vertraten die Ansicht, daß die *dharmas* oder Elemente der phänomenologischen Wirklichkeit letztendlich wirklich sind, und vertraten damit eine philosophische Position, die derjenigen sehr nahekam, die Shakyamuni bei den Brahmanen seiner Zeit so stark angegriffen hatte.
Wie wir gesehen haben, überprüfte und beurteilte Vasubandhu diese Ansichten der Sarvastivadin. Er untersuchte ihre Ansicht, daß die Dharmas in drei Welten bestünden, der Welt der Vergangenheit, der Gegenwart und der Zukunft, und zeigte, daß nur die gegenwärtigen Dharmas, die »Augenblick für Augenblick auftauchen«, wirklich existieren. Von diesem Blickwinkel aus gesehen präsentiert

er eine Gesamtheit von fünfundsiebzig bestehenden Dharmas.

Später, als der Mahayana-Buddhismus nach China, Korea und Japan kam, wurde das *Kusha-ron* Vasubandhus als wesentlich für das Verständnis der grundlegenden Ideen des indischen Buddhismus angesehen und wurde allgemein als eine Art Lehrbuch verwendet. So zum Beispiel begannen die japanischen Mönche ihre Schulung traditionell mit dem *Kusha-ron* und anderen Schriften Vasubandhus. Der althergebrachte Spruch »Pfirsiche und Kastanien drei Jahre, Dattelpflaumen acht Jahre« – (Das heißt, ein Pfirisch- und ein Kastanienbaum brauchten drei Jahre um zu tragen, Dattelbäume brauchen acht Jahre) – hörte sich in ihrem Munde so an: »*Yuishiki* drei Jahre, *Kusha* acht Jahre.« Sogar die Männer, die ihr Leben dem Studium und der Verbreitung des Buddhismus gewidmet hatten, brauchten eine Zeit von zehn Jahren oder mehr, um die Werke Vasubandhus zu meistern.

All dies wird ein wenig skurril, wenn man bedenkt, daß der Buddhismus alles andere im Sinn hatte, als zum Programm für ein akademisches Studium zu werden. Das Ziel Shakyamunis war, allen Frauen und Männern der Gesellschaft Befreiung zu bringen. Wenngleich er die Grundsätze darlegte, die seiner Meinung nach das menschliche Leben beherrschen sollten, hat er dennoch nie ein sauberes und geregeltes System einer Philosophie vorgetragen.

Um jedoch den Buddhismus vor den Angriffen nichtbuddhistischer Denkschulen zu schützen und ihn mit einem Begriffsrahmen zu versehen, der es ihm erlauben würde, mit anderen Religionen zu konkurrieren oder sie zu übertreffen, ergab sich für die Anhänger Shakyamunis die

Notwendigkeit, sich zu versammeln, um die von ihm hinterlassenen Lehren zu ordnen und in eine Form zu bringen, die ein zusammenhängendes und verständliches Lehrsystem birgt. In diesem Sinne waren die *Abhidharma*-Studien, die ich bisher abwertend behandelte, eine ausgesprochene Notwendigkeit, da sie bei der Bewahrung des Dharma nützlich waren und halfen, ihn vor intellektuellen Angriffen zu bewahren.

Auch wenn es eindeutig notwendig war, die Lehren des Buddha zusammenzufassen und zu systematisieren, so war es doch wichtig, daß es von jemandem getan wurde, der eine ähnlich erhabene Sicht wie Shakyamunis selbst haben sollte und der der Übung ebenso wie der Theorie des Weges gleich hingegeben sein sollte. Beide, sowohl Nagarjuna als auch Vasubandhu waren solche Menschen, die ebenso intensiv die Lehre praktizierten, als sie eifrig bemüht waren, ihren intellektuellen Verästelungen nachzugehen. Sie waren dazu imstande, diese Aufgabe in einer Weise zu erfüllen, daß ihnen später Beifall gespendet wurde.

Wir wollen uns nun den Mahayana-Schriften Vasubandhus zuwenden, insbesondere jenen, die seinem *Yuishiki* oder Nur-Bewußtsein-Denksystem Ausdruck verleihen. Bei der Entwicklung dieses Systems schuf er zuerst das Werk *Yuishiki-nijū-ron*,in dem er den Bestand einer Außenwelt leugnete. Alle Gegenstände der phänomenalen Welt, die wir gewöhnlicherweise für gegeben und mit verschiedenen Eigenschaften behaftet glauben, sind in der Tat »leer«, vollkommen illusionär und bar jeglicher objektiver Existenz. Trotzdem betrachten die Menschen gewöhnlich die sie umgebenden Dinge weiterhin, als würden sie existieren.

Das, so erklärt Vasubandhu, liegt daran, daß das *shiki* oder Bewußtsein des menschlichen Betrachters ihm die Vorstellung vermittelt, daß sie existieren. Dic Außenwelt ist somit eine bloße Schöpfung des menschlichen Bewußtseins – daher auch der Ausdruck »Nur-Bewußtsein«. Vasubandhus Erklärung liefert eine Art Methode, die einem das Verständnis des Mahayana-Begriffes von *kū* oder »Leerheit« eröffnet.

In der vorangegangenen Behandlung Nagarjunas wurde seine kritische Betrachtung der Lehre der Sarvastivadin deutlich, wonach alle Wesen der Außenwelt wirklich existieren. Nachdem er durch Meditation und religiöse Übungen zu einem Verständnis des Begriffes der »Leerheit« gelangt war, fuhr er fort anderen zu erklären, die Erscheinungen der äußeren Welt hätten keine objektive Existenz, sondern wären in Wirklichkeit »leer«, und die Tatsache ihrer Leerheit müsse mittels der aus der religiösen Übung gewonnenen Weisheit erkannt werden. Vasubandhu untersuchte sodann wieso die Menschen die äußere Welt als wirklich wahrnehmen und versuchte, die Quelle dieser Täuschung ausfindig zu machen. Er fand sie in *shiki* oder dem Bewußtsein des Individuums.

Die Vertreter der Nur-Bewußtsein-Schule verwenden zur Illustration ihrer Ansicht oft das Beispiel von einem Traum oder einem Zauberspruch, der von einem Hexer verhängt wird. Ebenso wie Menschen, die von einem Zauberer verhext worden sind, einen Strick für eine Schlange halten, so nimmt das Individuum auf Grund des Spiels seines Bewußtseins irrtümlich an, die Einheiten der Außenwelt hätten einen wirklichen Bestand.

Die buddhistische Philosophie wird so höchst fein und

tiefgründig, wenn wir von den Lehren Nagarjunas zu denen Vasubandhus fortschreiten. Vasubandhu aber geht noch einen Schritt weiter in seinem Werk *Yuishiki-sanjū-ron*, in dem er die Vorstellung von *alayavijnana* oder dem *alaya*-Speicher von Wahrnehmungen nennt. Im Hinayana-Buddhismus der *Abhidharma*-Abhandlungen werden sechs verschiedene Typen von Bewußtsein erkannt, die mit den sechs Sinnen, Sehen, Hören, Riechen, Schmecken, Tasten und dem bewußten Geist in Verbindung stehen. Im Mahayana-Buddhismus gibt es jedoch zwei Typen des Bewußtseins mehr, womit wir insgesamt acht haben. Diese zwei weiteren Typen des Bewußtseins sind das *mana-shiki* oder *manas*-Bewußtsein und das *araya-shiki* oder *alaya*-Bewußtsein, von denen beide einen Aspekt des unbewußten Geistes darstellen. Als das Mahayana-Denken in China eingeführt wurde, entwickelten die T'ien-t'ai- und die Hua-yen-Schulen die Theorie der acht Typen des Bewußtseins weiter und fügten noch eine neunte hinzu, das *amara-shiki* oder *amala*-Bewußtsein hinzu, doch dieser Punkt ist hier nicht von weiterer Bedeutung.

Das *alaya*-Bewußtsein ist eine Art Speicher, wie es das Wort *alaya* besagt, in dem die Samen enthalten sind, die die Grundlage für unsere Begriffe der Erfahrungswelt abgeben. Wenn man die erkenntnistheoretischen Grundlagen des Hinayana-Systems der sechs Bewußtseinsarten untersucht, dann kommt unweigerlich ihr idealistischer Charakter zu Tage. Das heißt, da der bewußte Geist die Grundlage aller Wahrnehmung ist, wird jedes Individuum, gemäß der Arbeitsweise seines eigenen Geistes, die Außenwelt in einer anderen Weise wahrnehmen. Mit dem System der acht Bewußtsseinstypen, insbesondere mit dem *alaya*-Bewußtsein, wird diese Schwierigkeit jedoch überwunden und eine Erklärung geliefert, wieso alle Menschen in der Vergangenheit, Gegenwart und Zukunft die Dinge größtenteils auf dieselbe Art wahrnehmen. Nach dieser Erklärung sind die Samen vergangener Erfahrung im *alaya*-Bewußtsein gespeichert, bis sie – von äußeren Dingen angeregt, »parfümiert« – in der Gegenwart Sprossen treiben. Ähnlich wird die Erfahrung der Gegenwart weggespeichert, um in der Zukunft zu sprießen. So sind alle Eindrücke der Erfahrungswelt das Ergebnis von im Grund der Lebenskraft gespeicherten und von äußeren Einflüssen zum Leben erweckten Samen. Da Wesen, die eine genetische Ähnlichkeit aufweisen, einen ähnlichen Samenspeicher haben, werden sie notwendigerweise dazu neigen, die Außenwelt ganz ähnlich wahrzunehmen.

Der westliche Leser erinnert sich vielleicht der berühmten Gedanken Descartes', die er 1619 in einem wohlbeheizten Raum in Deutschland niederschrieb, wo er von »Samen« der Wahrheit oder »Samen« des Wissens spricht, die in unserem menschlichen Geist gegenwärtig sind. Denkweisen und Lebensgewohnheiten in Ost und West unterscheiden sich sehr, doch fällt auf, daß sich zwei geistige Riesen Europas und des Orients in ganz ähnlicher Weise ausgedrückt haben. Vielleicht ist dies bloß eine weitere Bestätigung dafür, daß die ewigen Wahrheiten des menschlichen Lebens universell sind und keine geographischen und kulturellen Grenzen kennen.

In der letzten Hälfte unseres Jahrhunderts bemühen sich Wissenschafter in der ganzen Welt, die Geheimnisse der Lebenskraft aufzudecken. Diese Suche hat sie, besonders die westlichen Wissenschaftler, die ein Interesse für Philosophie und Tiefenpsychologie zeigen, dazu geführt, die buddhistische Lehre der Nur-Bewußtsein-Schule näher zu untersuchen. Augenscheinlich haben sie das Gefühl, Vasubandhus Theorie des *alaya*-Bewußtseins enthalte einen wichtigen Schlüssel zum Verständnis des Funktionierens der Lebenskraft. Auch wird berichtet, daß Ärzte, die sich mit psychischen Störungen befassen, den beschwerlichsten aller menschlichen Krankheiten, im Verlauf der Erforschung der Tiefen der Patientenpsyche gezwungen waren, das Vorhandensein von etwas zuzugeben, das dem *manas*-Bewußtsein oder dem *alaya*-Bewußtsein, wie von den Buddhisten beschrieben, sehr nahe kommt. Es wäre durchaus denkbar, daß Vasubandhu und die anderen Philosophen, die vor nicht ganz fünfzehnhundert Jahren in Indien gelebt und so umfangreiche Werke über ihr Eindringen in die geheimnisvollen Gesetze der Lebenskraft verfaßt haben, wertvolle Einsichten zum Verständnis des modernen Menschen und seiner Zivilisation beisteuern können.

Damit kommen wir zum Abschluß unserer Darstellung des frühen Buddhismus, die mit den Ereignissen unmittelbar nach dem Tod Shakyamunis begann und sich über eine Zeitperiode von mehr als tausend Jahren erstreckte. Wir haben eine weite und komplexe Reihe von Ereignissen und Entwicklungen zu behandeln versucht, von denen viele nur sehr spärlich dokumentiert sind, die Abhandlung war an vielen Stellen zwangsläufig skizzenhaft, obwohl ich glaube, daß der große Überblick richtig ist, ohne größere Fehler und Verzerrungen. Ich hoffe, mit dem zunehmenden Fortschreiten der Forschung über diese und spätere Zeiten buddhistischer Geschichte, in der Zukunft wieder einmal eine Gelegenheit zu bekommen, mich mit diesem Thema beschäftigen zu können, denn ich habe das wachsende Gefühl, daß viele wahrnehmende Menschen heute in der ganzen Welt auf der Suche nach Antworten auf die grundlegenden Fragen des menschlichen Lebens ihre Augen dem Buddhismus und der buddhistischen Philosophie zuwenden, insbesondere denjenigen Zweigen, die im heutigen Zeitalter ihre Blüte und Lebenskraft beibehalten haben.

Anmerkung des Übersetzers

Der vorliegende Titel ist eine Übersetzung des japanischen Werkes *Watakushi no Bukkyōkan* oder »Mein Bild des Buddhismus« (Tokyo 1974). Das ursprüngliche Werk bestand aus einem Gespräch zwischen Daisaku Ikeda und zwei Gesprächspartnern.

Mit seiner Erlaubnis faßte der amerikanische Übersetzer, Burton Watson, das Gespräch zusammen, um es in eine fortlaufende, leichter zu lesende Form zu bringen, selbstverständlich ohne an Aussagen und Wertungen des Originalgesprächs etwas zu verändern. Diese amerikanische Fassung bildete die Grundlage für die deutschsprachige, hier vorliegende Übersetzung.

Sanskrit- und Pali-Begriffe, Ortsnamen und technische Begriffe wurden in der dem deutschen Leser geläufigsten, romanisierten Form übernommen, die auf die strengen diakritischen Zeichen der Indologie verzichtet. Nahezu alle diese Namen und Begriffe wurden jedenfalls in das Register und Fremdwörterverzeichnis aufgenommen; dort sind sie nicht nur mit den diakritischen Zeichen versehen, sondern auch der Ursprung, also Sanskrit oder Pali, und bei wichtigeren Begriffen die Japanische Aussprache oder Entsprechung, sind angegeben. Doktrinäre Begriffe, sowohl deutschsprachige als auch japanische werden in diesem Register erläutert. Namen moderner Japaner (nach

1868) sind in der westlichen Schreibweise, also der Vorname vor dem Familiennamen, angeführt.
Wie von Daisaku Ikeda in seinem Vorwort bemerkt, ist dieses Buch eine Fortsetzung zu einem früheren Buch von ihm. Der Buddha lebt (Nymphenburger Verlagshandlung, 1985), das von Shakyamuni, dem Begründer des Buddhismus, handelt. Da dieses Buch das Leben eines einzelnen Menschen, des lebenden Buddha, behandelt, besitzt es auch einen klaren Gegenstand, einen Beginn, eine Mitte und einen Schluß. Man kann sogar soweit gehen, zu bemerken, daß Shakyamunis Leben, das natürlich auch harte und traurige Stunden umfaßte, ein verhältnismäßig ungestörtes war, das in einem triumphierenden Gefühl der Verwirklichung endete, und dieser Frohsinn spiegelt sich in Daisaku Ikedas Abhandlung wider.
Das vorliegende Buch hingegen beschäftigt sich mit den finsteren Zeiten des Buddhismus nach dem Tod Shakyamunis. Es ist daher notgedrungen vielseitiger in seinem Inhalt, behandelt einen weitaus größeren Zeitraum und ist gewissermaßen etwas düsterer. Denn, wie sooft in der Geschichte der Religionen, als der Schöpfer des neuen Glaubens hingeschieden war, regierten Zweifel und Uneinigkeit seine Jünger. Es entstanden Kontroversen bezüglich der richtigen Auslegung der Doktrin, der ordnungsgemäßen Praxis und den Zielen für Mönche und Laien, und so wurde der buddhistische Orden zeitweise von Schismen bedroht. Daisaku Ikeda beschreibt diese Probleme, mit denen der frühe Buddhismus zu tun hatte, indem er die spärlichen historischen Fakten mit sehr viel Einsicht und in überzeugender Weise herausarbeitet. Es gelingt ihm, ein neues Licht auf eine Periode des Buddhismus zu werfen,

die aufgrund der spärlichen verläßlichen Quellen weitgehend im Unklaren blieb. Dabei verfolgt er ihre Entwicklung zurück bis zu jenem Punkt, als dieser Glaube begann, über die Grenzen Indiens hinauszustreben und zu einer der bedeutenden Weltreligionen zu werden.

Register und Fremdwörtverzeichnis

Wo die romanisierte Form der Sanskrit- oder Pali-Begriffe im Text von der orthodoxen Schreibweise abweicht, ist letztere in Klammern angegeben. S steht für Sanskrit, P für Pali und J für Japanisch; nicht bezeichnete Wörter oder Namen können dem Sanskrit zugezählt werden. Japanische Entsprechungen werden nur für die wichtigsten Namen und Begriffe gegeben.